AF455151

ERMINIA MANCUSO

CANI O CRISTIANI?

ISBN - 978-1-291-67475-0

Autore Erminia Mancuso

Distributore Lulu

Prefazione

Ancorché la lettura sia uno dei miei svaghi preferiti, non sono certamente un "uomo di lettere" capace di scrivere scioltamente e con sicurezza la prefazione di un libro. Ma Nina Mancuso mi ricorda che viviamo un'epoca in cui, per recente volere popolare, anche ai "dilettanti" è consentito di sedere nelle assise del Parlamento Italiano, e mi chiede di fare la prefazione al suo esordio da romanziera. Accetto con piacere l'invito di Nina … Il tema mi è caro… da quando ve ne sono immerso, sostengo che la passione cinofila – e per passione intendo un sentimento così ricco, forte ed intenso da rischiare di essere addirittura violento in danno di chi lo prova – è una vera e propria passione "vitale" e cioè una passione capace di sorreggere l'uomo anche nei momenti più bui e dolorosi della vita per propiziarne la felice continuità. Il romanzo autobiografico di Nina è la prova concreta della validità dell'assunto sin dalla sua prima pagina nella quale i suoi "bassotti" (ma potrebbe essere qualunque altra razza) sono, nel naufragio che incombe e che minaccia fortemente la vita, l'unica cosa che galleggia e, quindi, l'unica cosa a cui aggrapparsi. Gli avvenimenti che seguono raccontano il crescere ed il maturare di Nina intrecciando le esperienze e le sofferenze di donna, di figlia e di madre con quelle connesse all'impegno, ai dolori, alle speranze, alle delusioni ed alle gioie che scandiscono e riempiono la vita quotidiana dell'allevatore cinofilo. L'epilogo è, per Nina, l'inizio della catarsi, il sorgere di una nuova vita – anche da romanziera – dalle ceneri della vecchia, grazie all'amore incondizionato, assoluto ed eterno che ci dedicano i cani.

Salvatore Tripoli

Roma aprile 2013

I BASSOTTI LO FANNO MEGLIO!

Avete mai avuto l'impressione di trovarvi in mezzo al mare in tempesta su di una rudimentale zattera? La zattera si sgretola per la forza delle onde, vi trovate a nuotare nei marosi, tentando in vano di restare a galla, di scampare alla morte. Allo stremo delle forze riuscire ad aggrapparsi ad un qualcosa che galleggia, questo qualcosa per me sono i bassotti! Non son tipo da frasi fatte ma, queste le ho fatte mie, dopo averle sentite pronunciare molti anni addietro… esistono i "cani" ed i "bassotti" … Poche piccole parole, che rendono appieno solo se unite a " il bassotto è l'ultimo cane, dopo averne avuto uno, non ci si potrà più accontentare di un altro cane"… Mentre scrivo la tenera Chobin è arrivata vicino a me, si è alzata sul posteriore per appoggiarmi, sulla coscia sinistra, quelle ch'io definisco le sue mani da pianista, con dita affusolate e lievi, sì sono mani, le loro, le usano spesso per lanciare in aria i giocattoli, in caso noi si faccia orecchio da mercante al loro invito al gioco; Mani che ci carezzano quando attorno a noi tutto crolla, sia per un banale contrattempo, sia per una tragedia: la telepatia del bassotto è più marcata rispetto alle altre razze canine. La mia non sarebbe vita senza bassotti, solo con loro ci si può mostrare fragili, si può piangere, si può ridere, si può cantare a squarciagola stonando una canzone, si può essere esattamente se stessi, se stessi... Forse la mia Editor ha ragione, io le credo, potrebbe non risultar di facile comprensione questo libro senza scendere nei particolari, non voglio però spiegare troppi avvenimenti di "umani". Questo è un romanzo autobiografico ricordatelo bene, ci sono avvenimenti che potrebbero far sì che qualcuno si riconosca negli stessi ma, in quanto "romanzo", potrebbe esser frutto della mia fantasia… Circa i cani no, non ci sono filtri, non ci sono denunce non fatte per pietà verso umani... I cosiddetti cristiani non fanno altro che rigirarmi, raggirarmi, usarmi, derubarmi materialmente e moralmente, i cani no: al massimo rosicchieranno i miei splendidi divanetti del '700 in legno d'ulivo, non c'è dolo, non sono azioni atte a danneggiarmi, sono azioni dettate dall'istinto, magari da denti definitivi che premono sulla gengiva per fuoriuscirne, producendo un insopportabile prurito… Riuscire a salvare la vita ad un cucciolo appena nato, facendogli uscire il liquido dalle narici, e dar lui la vita è la più bella sensazione ch'io abbia mai provato.. La tenerezza di un cucciolo di pochi minuti di vita, che già succhia con forza dalla tetta della madre, il miracolo della vita, di una nuova vita. Tenere nel palmo della propria mano lo stesso cucciolo, qualche giorno dopo, mentre dorme sazio a pancia all'aria, forse è solo questo ciò che mi da lo stimolo per non mollare, non mollare malgrado tutta questa cattiveria fine a se stessa dei "cristiani". Vedere i primi passi del cane che hai accudito dopo un intervento chirurgico, vedere nei suoi occhi la riconoscenza, l'amore che prova verso di me, è meglio che udire false parole pronunciate da un essere umano che non sarà mai riconoscente per ciò che hai fatto per alleviare le sue pene. Sono nata in una *familia* in cui vi erano già una quarantina di cani da pastore tedesco, sono cresciuta abbracciata a loro, con il sostegno incondizionato di due splendidi esseri quali i miei genitori, conosco i cani, ho esperienze di ogni tipo, ma nelle altre razze di cane non esiste una così forte personalità individuale come nei bassotti. Ognuno col suo preciso carattere, ognuno con la sua distinta personalità, "come per i cristiani" direte voi, ed io risponderò "no, meglio!" I miei bassotti si accorgono di quando, ahimè abbastanza spesso, durante il sonno vengo assalita dagli incubi, e mi svegliano leccandomi, come a dirmi di star serena, che ci sono loro a vegliare il mio sonno. Ho bassotti più dolci, quelli che ti vengono ad alzare una mano per prendersi una carezza mentre sei distrattamente rilassata sul divano e ti permetti di non far loro coccole continue, ci sono quelli più attivi, quelli che sono certi di essere ottimi progettisti-realizzatori di giardini svizzeri, in quanto realizzano scavi che ricordano il formaggio gruviera, (lì per lì l'istinto sarebbe quello di arrabbiarsi ma, quando il tartufo ricoperto da una montagnetta di terra fa capolino dalla voragine non si può trattenere un sorriso, e per il bassotto è fatta, ha ed avrà per sempre la certezza dell'impunità). L'istinto più forte in natura è quello della riproduzione, più forte anche della fame, non a caso nel periodo degli amori c'è un forte calo del peso, anche per i cristiani, mentre si è innamorati non si ha appetito, l'unico desiderio è quello di stare con l'oggetto del desiderio... Ci sono stalloni canini che al momento dell'accoppiamento posson divenire aggressivi, persino nei confronti dell'uomo, quando, in loro presenza, si tocca la femmina pronta, è l'istinto nel momento dell'accoppiamento, bisogna garantire la prosecuzione della specie, tutto è rivolto verso la riproduzione… Helga era pronta, in pieno estro, Forrest quando non le era attaccato attraverso il "nodo, era comunque attaccato a lei come un francobollo, un passo faceva lei ed uno ne faceva lui, decisi su due piedi di partire ed andare in Emilia, una valigia con un cambio è sempre presente su ogni mia autovettura, bastò aprire la portiera e chiamare Forrest per vederlo correre e saltare sul sedile a fianco al mio !! Lui amava solo me, anche se stavo male... male dentro... Forrest amato Forrest, cuore del mio cuore, custode della mia esistenza in vita, solo grazie a te, ed ora alla tua progenie sono in vita... Per te ero la prima della lista, come per i tuoi figli, per i tuoi nipoti e pronipoti e generazioni a seguire…

Per questo e per mille altre cose i bassotti lo fanno meglio!

LA FUGA

Fuggimmo, i miei amati bassotti ed io fuggimmo, o meglio io riuscii a scappare e loro vennero via, via con me... La meta fu l'unica cosa che per me "allora" avesse la parvenza di casa, la mia casa in Slovenia. Inizio di febbraio, situazione meteo pessima, cercai di andare avanti senza voltarmi indietro:"il viaggio, il raggiungere una meta, guidare terrà la mia mente impegnata", sperai che col passare dei chilometri sarei riuscita a smettere di piangere… Quella volta la combinai grossa… La mia era un'esistenza scandita da pochi punti fermi, ciò che mi aiutò a non abbandonarmi al dolore della mia vita, i miei cani, sono sempre stati la motivazione per aprire gli occhi al mattino. I bassotti, gli unici esseri viventi che mi amano così come sono, gli altri che lo fecero furono i miei genitori, cosa non darei per poter passare con loro qualche momento… con me otto cani adulti, una di essi con i suoi quattro cuccioli ancora da svezzare, solitamente viaggio la notte per non dovermi fermare spesso, come durante le ore diurne, a far sporcare i cani. Appena varcato il confine si fece giorno pieno, finalmente il giorno dopo una nottata di guida con tratti di nebbia, di neve e di pioggia, ma il clima avverso fu il meno… Veramente mi stavo allontanando da una serie di situazioni personali che avrebbero pressato chiunque, avevo bisogno di sottrarmi alla materialità sporca e corrotta dei tempi nostri. Il viaggio fu terribile, un dolore sordo, continuo, avevo perso tutto, mio figlio non mi rivolgeva più la parola da un anno e mezzo, in risposta ad i miei sms una sequela di insulti, non è riuscito ad accettare le mie scelte. (Beh, certo che se mio marito non lo avesse condizionato con quel tipo di "mezze verità", quelle in cui si dicono solo le cose negative di un'altra persona, omettendo le proprie, tirandolo dalla propria parte unicamente per fini patrimoniali, "far" leva sull'altrui affettività…) Sarà come sarà, ma è orribile per tutti, per me, che non ho più nessuno, per mio figlio che di fatto non ha più una madre; forse la pena maggiore la avrà mio marito: prima o poi l'effetto boomerang lo ripagherà, con interessi che solo la vita sa dare. Intanto guido, piango e guido. C'è anche un altro lato positivo nel viaggiare di notte, quello dell'arrivare all'inizio di un giorno, un giorno nuovo… La neve cadeva ininterrottamente da diverse ore, era come se le mie lacrime si fossero cristallizzate, quella fu una di quelle volte in cui mi finiscono, il mio fisico si rifiuta di produrne altre. L'apertura della casa, le operazioni di scarico della mia moderna" arca di Noè" con relative incombenze mi occupò mente e corpo… Sono bloccata da questa nevicata eccezionale, lo spazzaneve verrà prima o poi a liberarmi .. farò le valige e tornerò in Italia ... Tornerò nell'inferno sulla terra, un inferno personale, dal quale non ho ad oggi avuto la forza di sottrarmi, essere in questa casa in mezzo al bosco mi porta ad una attenta riflessione sulla mia esistenza tormentata. Se dovessi descrivere in una manciata di parole la mia esistenza le parole sarebbero queste :Dio mi diede tutto, proprio tutto, bellezza, intelligenza, facilità nella comunicazione, facilità all'empatia, una *familia* unita e benestante, poi un giorno Dio mi disse :"Hai visto quanto è bello avere tutto? Ora ti toglierò tutto e vediamo come te la cavi …". Tutto ciò accadde intorno ai quindici anni, la mia era un'esistenza serena, con infinite soddisfazioni, lo studio, lo sport, gli affetti, intorno a quell'età arrivò la malattia di mio padre. Quanto ho amato mio padre… Quanto sono stata amata da lui, forse troppo… Mi diceva sempre che ero l'unica donna della sua vita. Affermazioni dettate dall'amore di un padre, dall'orgoglio di una figlia tanto bella e talentuosa, fecero sì che il rapporto con "la mia mamma" inizialmente fu di competizione, sfociante spesso in liti, in dolorosissime liti. La malattia di mio padre durò due anni e mezzo. Io ero sempre con lui, sia coi cani sia coi colombi viaggiatori: ci teneva proprio a definirmi il suo braccio destro coi colombofili, tutti con figlie che come soleva dire "hanno una facciuzza che gli salva l'onore". Non volli vedere mio padre né in agonia, né morto: mia madre mi disse più volte che era stato un errore, che non mi rendevo conto che lui non c'era più… Forse il mio malessere iniziò prima, ma a me parve quello l'inizio del mio crollo emotivo... Che bello il paesaggio con tutta questa neve, i miei bassotti si divertono come pazzi e mi aiutano a provare meno dolore nel ripercorrere a ritoso la mia vita. Quando sono partita per venire qua stavo scappando, scappavo da Lui, scappavo dal mio sentirmi ingabbiata da un sentimento che non ero in grado di sostenere e neppure di gestire... Questo manto algido mi avvolge, come mi avvolgeva l'amore dei miei genitori, mi scalda, mi allontana dal tormento e più che altro mi nasconde dal mondo umano. Lele ha i suoi bei cuccioli, sono in sala vicino alla stufa a legna, sul pavimento di parquet, così non avranno freddo, e questa sera faranno il loro primo pasto non di tetta ,ma di omogeneizzato. Dopo la morte di mio padre mi sentii persa ed il pessimo rapporto, che grazie a lui, avevo con mia madre, non fu certo di aiuto, la *familia* iniziò a sgretolarsi, a riunirla ci pensò Eugenio, mio figlio. Dedicai a lui tutta me stessa. Un bel giorno reincontrai un uomo, di riflesso agli ostacoli messimi da mia madre, decisi di sposarlo, fu un disastro, una catastrofe, beh il matrimonio durò undici mesi. Lo conobbi un pomeriggio, all'epoca avevo quindici anni, un paio di giorni prima mi ero fatta battezzare al termine di un ritiro spirituale, mio padre era ancora in vita, assai malato. L'incontro con quel ragazzo, allora tossicodipendente, mi sconvolse: abboccai, dandogli tutti i soldi che avevo. Mio padre non riuscì mai a perdonare quella persona che aveva turbato così profondamente la sua adorata bambina. Qualche settimana dopo mio padre morì. Qualche anno dopo io mi sposai per la prima volta.. Da quell'errore nacque qualcosa di positivo: dalle macerie del mio matrimonio ebbi la seconda possibilità di costruire un nuovo e straordinario rapporto con mia mamma, questa volta un rapporto paritario, un rapporto tra due donne adulte che si amano, come solo sanno fare madre e figlia (in psicologia il legame emotivo più forte in assoluto). Sebbene tra mia mamma e me ci fosse un ottimo rapporto lo stesso non si poteva dire con i miei fratelli. Solo uno viveva in familia, e l'altro quasi sempre via. In casa cominciarono ad esserci sempre più spesso liti, ciò mi indusse a pensare al modo di andarmene. Fu in quegli anni, di preciso nel 1995 che entrò nella mia vita Forrest Gump del Corbezzolo, uno splendido esemplare di bassotto standard a pelo duro…

FORREST

il primo bassotto, il secondo matrimonio e le prime cucciolate

Forrest Gump del Corbezzolo arrivò nella mia vita per il colpo di fulmine che ebbe nei suoi confronti mio figlio, quando con mio fratello maggiore andarono a ritirare la sua seconda flat coated retriever dall'allevatrice a Firenze. L'appuntamento per la consegna della cucciola fu ad un raduno di bassotti (credo fosse a Barberino di Mugello): mio figlio Eugenio tenne in braccio quell'ispido cucciolone per buona parte della giornata, mentre gli adulti erano intenti a discorrere della giovane Brina. Mio fratello mi riferì che la mattina successiva, al momento di ripartire verso casa, mio figlio non chiese il cucciolone, ma gli scese una lacrima. Chiamai immediatamente l'allevatrice, le chiesi di cedermi quel cucciolone, che si era tenuta per se, non aveva intenzione di cederlo, ma alla fine la convinsi! Il giorno seguente, dato che si trattava della fine di giugno ed il clima era afoso, decidemmo di andare a prenderlo col treno: in prima classe c'è l'aria condizionata, ed avrei anch'io avuto modo di spupazzarmi il cane che non avevo ancora neanche visto! Arrivati a Santa Maria Novella l'allevatrice ci venne a prendere con Peppola una sua bassotta adulta. Lo ricordo come fosse ora: arrivati nei pressi della sua abitazione Eugenio ed io aspettammo in macchina mentre lei andò ad acquistare del gelato; a quel punto rapidissimi facemmo una "perquisizione corporale" a Peppola e scoprimmo che i bassotti a pelo duro sono completamente ricoperti di pelo e più che altro ne è rivestita la parte interna del padiglione auricolare! Arrivammo presso l'abitazione dell'allevatrice, Forrest ci venne incontro portandoci faticosamente in dono la coperta preferita del di lei marito, con tale comportamento Forrest conquistò anche me. Dovete sapere che il padre di Forrest si chiamava Muschio, oltre ad essere un gran cane in quanto campione italiano, europeo, estero e riproduttore ed ad aver conseguito un primo eccellente C.A.C.. Nell'unica prova di lavoro a cui venne presentato in vita sua, era in competizione col marito dell'allevatrice, per sfida gli faceva la pipì su di ogni cosa gli appartenesse, ed una volta raggiunse il culmine facendola sulla sua televisione portatile, appoggiata un attimo in terra... Ebbene sì, i bassotti hanno una loro personalità, se mai dovessero prendere qualcuno in antipatia difficilmente riusciremmo a fargli cambiare idea! Effettivamente mi chiedo ancor oggi come sia stato che un così poco cucciolo (morfologicamente) abbia potuto conquistare il cuore di un allora dodicenne. Rifletto sul ruolo dominante che i bassotti hanno avuto, hanno, ed avranno nella mia vita, credo che Forrest fosse il mio destino ed io il suo. Arrivammo a casa con il piccolo Forrest a tarda notte, come prima cosa il bassotto incominciò ad abbaiare ai gatti di casa! Mia mamma venne subito a vederlo, il suo commento fu "un vecchio cucciolo, con ottimo temperamento !", le zampe corte, la barba, ed un incedere dondolante le ricordavano un vecchio cane, ma conoscendone l'età non poteva che trattarsi di un cucciolo… Ah mia mamma, non so cosa darei per poter passare qualche minuto con lei, lei sì che mi sapeva confortare, del suo amore ero certa, quanto mi aiutano ancora oggi, ad oltre tre lustri dalla sua morte, i suoi consigli, i suoi insegnamenti … Forrest fu di mio figlio per due giorni netti, poi venne da me e mi disse:" ma, scusa se di notte Forrest facesse la pipì, dato che la mia stanza è più piccola della tua, io alzandomi senz'altro ci metterei un piede dentro…". Da quella sera Forrest dormì con me ogni notte per il resto della sua vita, tranne unicamente quelle delle mie ospedalizzazioni. Forrest all'epoca aveva poco più di un anno, con noi viveva anche la Pepa una meticciona, estremamente intelligente, e nella sua non razza era bellissima. Una sera, uscendo in giardino, Pepa schiantò inavvertitamente il povero Forrest: da subito Forrest manifestò dolore a spalla e zampa destra, io andai nel pallone, e più io andavo in ansia più lui alzava la zampa guardandomi… Gino (il mio veterinario) apriva lo studio nella tarda mattinata, ma non potevo lasciar solo il cuore del mio cuore con la zampetta offesa: lo portavo in braccio , lo poggiavo in terra e lui faceva pipì, poi alzava lo sguardo e la zampa. Decisi di andare ad Alassio a casa di mia mamma per farmi consigliare e per poter andare a comprare il pane lasciando Forrestino sotto controllo costante, avrebbe potuto avere sete, fame o magari preferire essere portato in braccio su di un'altra poltrona o divano… Mia mamma prese in consegna l'infortunato, ch'io lasciai sul divano, con la sua zampetta alzata in bella mostra, scesi dal panettiere, comprai il pane ed un paio di altre cosette, dieci minuti dopo salii le scale che portavano alla mia casa materna. Come entrai, mia madre mi salutò ridendo a crepapelle, mi raccontò che prima ancora ch'io avessi chiuso la porta d'ingresso Forrest era tranquillamente sceso dal divano ed aveva gironzolato per casa senza neanche zoppicare! Eppure mentre mia mamma mi raccontava l'accaduto il commediante mi guardava dal divano con la zampa alzata, iniziai a ridere di gioia, Forrest scese dal divano, salutai mia mamma e con il mio cuore trotterellante al guinzaglio tornai a casa, avendo imparato quanto possano essere attori i bassotti. Talvolta, con ragione anche, posso portar ad esempio Forrest, io e lui due corpi un'anima… Nascendo figlia di un magistrato che per vezzo allevava cani da pastore tedesco, so bene cosa si può e si deve fare coi cani, come anche ciò che bisogna assolutamente evitare... Una sera ero a letto con Forrest al fianco assorbita dalla lettura, ed entrò in camera il mio secondo marito, che sedutosi sul letto iniziò a stuzzicare Forrest (da qui capite il personaggio) avvicinandogli il volto alla pancia e imitando un ringhio: dissi lui di non far dispetti al cane, e che se questi gli avesse addentato il volto io non lo avrei neanche sgridato, poiché sarebbe stato maltrattamento di animali! Intanto Forrest iniziò a sua volta a ringhiargli; insistetti nel chiedergli di smetterla che il cane si stava innervosendo troppo, spiegandogli che non è bene auto-aizzarsi contro il cane facendosi ringhiare, ma lui mi rispose "ma non mi ringhia, mi runghia per gioco"… Dovete sapere che Fabio, la mattina quando si alzava andava in bagno a lavarsi, per poi rientrare in camera da letto a vestirsi, solo all'ultimo si metteva l'orologio, dopodiché veniva a salutarmi con un bacio. Dalla mattina successiva allo stupido gioco da parte di mio marito, e per ogni mattina che dio mandò in terra Forrest udendo il "click" prodotto dalla chiusura del cinturino metallico dell'orologio di Fabio, mi saliva addosso iniziando a ringhiare e tentando di mordere l'inventore del "gioco del runghio". Mio marito affinò, allora, l'unica tecnica "consentitagli", ovvero: arrotolamento della giacca o della tuta da lavoro ed immissione nelle fauci di Forrest per poi chinarsi e darmi un bacio prima di recarsi al lavoro! Arrivarono quindi il primo allenamento in tana artificiale, il conseguimento del suo campionato italiano di lavoro, e contemporaneamente arrivò per me un periodo di profondo malessere, dovuto prima alla malattia e morte di mia madre, immediatamente dopo alla consapevolezza, di aver sposato la persona sbagliata, per la seconda volta. Chi mi impedì di astrarmi completamente della realtà fu proprio quel bassotto "Forrest": per fargli un regalo ed avere dei suoi discendenti presi la prima femmina di bassotto. Io vivevo letteralmente in simbiosi con Forrest, eravamo sempre insieme, amava dormire coricato sopra di me; mio marito mi riferì che durante il sonno ci muovevamo all'unisono, come nel nuoto sincronizzato. Mi resi conto della fesseria che avevo fatto (fesseria che quegli scienziati del club dei bassotti esortano tutti i proprietari a fare) nell'insegnare a Forrest ad entrare in una tana, a privarmi quindi della "tranquillità" nell'andare anche solo a fare un giro nei boschi col cane libero, per timore che si potesse infilare dentro ad una tana naturale e rimanerci magari incastrato, e finire per morire... A quel punto iniziai a portarlo a lepri e divenne un fenomeno! Godere del bel lavoro di un cane, del tuo cane è un'emozione senza paragoni, l'abbattimento passa in secondo piano, o meglio, si vorrebbe sempre poter concludere una bella azione di caccia del proprio cane con un abbattimento che lo premi, ma come sappiamo bene non è sempre così. La prima cucciolata dei miei bassotti da caccia arrivò in un momento assai drammatico e mi diede la forza di aprire gli occhi al mattino. Quando non si vede alcuna prospettiva di cambiamento nella propria vita, non si ha lo stimolo di alzarsi dal letto, i cuccioli mi diedero

questo stimolo riuscendo a dare un'utilità alla mia giornata. I due cuccioli che mi rimasero crebbero e si fecero cuccioloni ed è a quel punto che la mia passione per la caccia divenne veramente forte: l'addestramento e l'allenamento per l'utilizzo venatorio "sopra terra" dei bassotti mi impegnò assai, la logistica degli spostamenti e la "prestazione atletica" .
A quell'epoca avevo unicamente quattro bassotti, ed ebbi la fortuna-sfortuna di conoscere una persona che aveva un'esperienza in campo bassottistico-venatorio superiore alla mia e di iniziare una collaborazione con essa. Tale collaborazione, mi insegnò dei buoni "trucchetti" nell'addestramento, la conoscenza di anziani giudici con un'esperienza e la voglia di tramandarla a chi ne fosse all'altezza... Venni reputata degna ed iniziai la mia esperienza sul campo. Mi resi ben presto conto di avere in mano un valore cinotecnico notevole, non solo per i campionati di lavoro che conseguii, ma anche per la versatilità dei miei soggetti che riuscivano a spaziare dalla traccia di sangue, che richiede cani posati e tenaci nel mantenere un'emanazione senza "cadere in tentazione su passate fresche", all'incalzare con voce lepri , conigli, e minilepri, per poi soddisfare l'orecchio da cinghialaio con uno scagno su di una passata fresca, che diviene abbaio a fermo per poi mutare in uno scagno ancora diverso nella seguita del re del bosco, tutto ciò in un cane solo ! In quel periodo iniziai a scrivere articoli sui bassotti, sulla caccia, e sulle gare cino-venatorie, ma più che altro iniziai ad esprimere il mio punto di vista sul malcostume che divenne da allora la normalità nelle diverse organizzazioni delle prove di lavoro. Seguirono una serie di commissariamenti dell'E.N.C.I. che fecero si che i lestofanti, nonostante le mie molteplici denunce

più che fondate, potessero continuare a fare i loro porci comodi, continuarono a modificare i regolamenti delle prove di lavoro laddove le mie, credo settanta denunce, sottolineavano i vizi delle competizioni stesse. Nacquero allora distinti comitati organizzatori di prove di lavoro a carattere nazionale, creando di fatto: competizioni per mediocri, in terreni "facilitati", e competizioni degne di tale nome in cui i bassotti partecipavano a gare con un regolare sorteggio, in terreni difficili come quelli di caccia reale. Ecco, anche in quegli anni capii che ci sono persone mediocri, che si accontentano di qualifiche regalate a mezzi-cani "basta poter dire" che il loro cane ha vinto quella tal prova di traccia, anche se disputata in terreni in cui non vi è presenza rilevante di ungulati. Sappiate che esistono recinti in cui si disputano gare valevoli per il campionato italiano di lavoro, ed (udite udite) si rilasciano anche abilitazioni per il prelievo venatorio in girata, in recinti privi di alberi e roveti, in cui quando l'erba è troppo alta viene tagliata, per creare corsie in cui i cani non siano disturbati dalla presenza della vegetazione... Insomma, saranno state le mie dure prese di posizione anche sulla carta stampata oppure qualche strana condizione astrale unita sicuramente alla validità della mia linea di sangue, iniziai a ricevere un'incredibile richiesta di cuccioli. Ovviamente io non avevo tutti questi cuccioli e mi venne la malcapitata idea di "rimbalzare" le richieste a questa persona... Mi ci volle molto, anni, per riuscire a capire l'errore commesso! In quel periodo ebbi oggettivamente molte emozioni, sia dal punto di vista bassotti, sia dal punto di vista caccia, ottenendo molti campionati di bellezza e di lavoro coi miei cani, porto d'armi, abilitazione di conduttore di cani da traccia (credo al massimo il quinto rilasciato ad una donna in quegli anni), l'acquisto di una ex casa di caccia di una riserva nell'estremo est della Slovenia… In questa casa sono ora a scrivere questo libro, complice questo manto nevoso, ed il mio bisogno di ricrearmi attingendo le forze dalla bellezza della natura e degli immancabili bassotti. Iniziai in quegli anni a spostarmi in lungo ed in largo per l'Europa con una Renault Kangoo con all'interno mediamente una decina di bassotti. Affinai la ricerca visiva di selvaggina anche alla guida, di modo da potermi fermare al volo e mettere i cani su di una lepre scorsa in mezzo ad un campo… E' stato allora che divenni veramente una "cacciatrice", poiché ad oggi mi rendo conto di aver goduto più io dell'emozione della predazione che il bassotto di turno, scaricato dalla macchina durante un lungo spostamento per sgranchirsi ed allenarsi scagnando la passata di una lepre. Insomma, anni ricchi di piaceri portati da piccole cose. In quegl'anni decisi di lasciare mio marito: le nostre vite si erano sempre più allontanate, il sentimento che mi legava a quell'uomo ed a quella casa erano i bassotti ivi contenuti e l'affetto che si prova per un amico che si conosce e frequenta da quando si hanno quindici anni. Cercai quindi una casa: quando ne individuai una di proprietà di un conoscente e distante trecento chilometri dall'allora mia, mio marito ebbe un tremendo infortunio sul lavoro e si frantumò letteralmente tutte le ossa del volto. Ricordo come ora il primo referto della tac: "la piramide nasale è rientrata nella scatola cranica". Per fortuna o per meglio dire, grazie alle conoscenze che avevo in ambito cinofilo, ebbe un trattamento ospedaliero ed una serie di interventi veramente curati. In quei giorni il mio "collaboratore di allora" fece veramente un bel gesto, per il quale lo voglio ringraziare pubblicamente, che fu il venire a casa mia e portarsi via 13 bassotti (fra cui un'intera cucciolata ancora da svezzare). Comunque decisi di stare vicina a quell'uomo, che amavo in maniera diversa da quella di marito e moglie, sino alla sua completa guarigione. Stetti con lui in ospedale mediamente quindici ore al giorno, venni cacciata da medici ed infermieri un'infinità di volte, sino a quando iniziarono a fingere di non vedermi. Le poche ore in cui andavo a casa c'erano loro... i miei bassotti, o meglio solo tre bassotti a pelo duro, i più vecchi, e la meravigliosa Pepa. Buttarmi qualche ora nel letto abbracciata a loro mi dava la forza necessaria per assistere mio marito, e per non dire ciò che pensavo, e che penso tuttora di suo fratello. L'unica volta in cui venne a trovare mio marito in Ospedale (a casa non venne mai, ne mai telefonò) seppe solo dire : "Sono andato a parlare col commercialista, mi ha detto che dobbiamo fare una società al più presto possibile, perché se muore papà ci tocca pagare oltre cento milioni di successione.." Io penso che fra tutte le cose che si possono dire ad un fratello scampato alla morte per miracolo, nell'infortunio sul lavoro, svoltosi meno di una settimana prima nell'attività di famiglia, e che si specchia in ogni dove, per capire come ritornerà il suo volto, solo un omissis avrebbe potuto dire ciò che disse. Intuendo lo stato d'animo in cui si trovava l'uomo che avevo sposato, l'uomo che avevo sì scelto, ma al contempo l'uomo che avevo imparato ad amare dopo poco l'inizio della nostra relazione, l'uomo al quale credevo mi sarei potuta aggrappare, capii che l'unica cosa che lo avrebbe distratto sarebbe stato il sesso… Un reparto era in ristrutturazione, ma i bagni erano agibili, e più che altro erano sempre deserti…

Ogni giorno mio marito ed io prendevamo la busta con le cose da bagno e da barba, l'asciugamano e prima o dopo la sua doccia e rasatura facevamo sesso in quel bagno lontani da tutto e tutti, esistevamo solo lui ed io. Non sarò un medico ma la mia terapia lo tirò su di morale.. mentre a me si spaccava l'anima. Ecco i cani, i bassotti per me sono stati, e sono, quegli individui dolci e pelosi che riescono a farci accettare l'esistenza di "certi tipi di persone". Quanti pianti ho fatto abbracciata ai miei bassotti, quante volte loro, accorgendosi del mio malessere, sono arrivati a farmi le feste, e se si fa finta di niente attirano la nostra attenzione con un abbaio ! Sembra ti dicano "dai ci siamo noi con te, ti vogliamo bene, non ci pensare, non ne vale la pena, tanto loro non ti capiranno mai!". Pensandoci bene, le uniche persone che mi sono state realmente vicine, con inimmaginabili dimostrazioni di amicizia, sono unicamente quelle con le quali entrai in relazione tramite i cani … Eugenio, rinunce per lui ne ho fatte molte poiché, per farlo crescere in una famiglia senza liti, rinunciai ad una vita affettiva soddisfacente, e diversi anni prima mi fidanzai con un vecchio amico, per poi sposarlo nel 1995. Credo di aver fatto quasi tutti i tipi di psicoterapie, dapprima individuale, in seguito affiancata a quella di gruppo o gruppanalisi, ma dentro di me stavo comunque male, rifiutai sempre di sottopormi ad una terapia farmacologica. In uno di questi momenti così bui della mia vita, all'ennesima delusione amorosa, mi domandai se ero io ad essere sbagliata per i sentimenti, non andava bene il mio passato, non andavano bene i miei amici, non andava bene la mia estrazione sociale , la mia educazione "fuori moda" troppo formale.. Insomma ma se andavo bene per i miei amici, perché non fidanzarmi con uno di essi

? Feci una lista, una lista in cui elencai tutti gli amici che potevano rispondere ai requisiti che cercavo, ne trovai uno, quella sera lo chiamai al telefono per sapere cosa faceva e se mi fosse passato a prendere. Mio figlio era trattato molto bene, io conoscevo quell'uomo da una vita, non brillava in alcun campo, ma mi amava a suo dire, e non si discuteva mai ! Credetti di aver trovato quel che stavo cercando, ci sposammo nel settembre del 1995 dopo sette anni di tranquillo fidanzamento, scandito dal mio ciclico malessere, da quella sensazione di abbandono, dalla difficoltà di sentirmi amata, capita, sorretta in questi momenti in cui non hai più voglia di nulla, non trovi lo stimolo neanche per alzarti dal letto, lo facevo solo per mio figlio, per senso di responsabilità…

PARTI

Ogni parto è cosa a sé, bisogna sempre tenere presente ciò anche con una cagnina al suo secondo o terzo parto… Il primo parto canino della mia età adulta, il primo accoppiamento ch'io abbia deciso di fare, avvenne oltre dieci anni orsono. Quanto stavo male allora, la mia è sempre stata un'esistenza tormentata ed in quel periodo non dormivo più, non potevo più dormire, per oltre due anni il sonno per me era sinonimo di incubi terribili. Anche quando chiesi più volte a mio marito di vegliare il mio sonno (avevo un'estrema necessità di dormire, stavo impazzendo), lui non mi disse mai apertamente di no, ma furono risvegli urlando dall'orrore quando, aprendo gli occhi, mi accorgevo che lui dormiva beatamente. Dopo la morte di mia madre quanto dolore in me, unico sollievo i miei bassotti, nei miei momenti di totale insonnia, arrivò, in un modo che val la pena di raccontare, la prima femmina di bassotto a pelo duro, Helga. Helga entrò nella mia vita già adulta. Mentre mi trovavo a Milano a far toelettare il mio super campionissimo, ma più che altro cuore del mio cuore, Forrest. Seppi dalle labbra del toelettatore, che avrebbe avuto lui la femmina giusta, per divenire la moglie di Forrest, e che la aveva data a Carlo… Per farla breve il toelettatore portò a Carlo (un addestratore) la bassotta in questione, al fine di fargliela preparare per il superamento di una prova di lavoro, necessaria per il conseguimento del campionato di bellezza. L'addestratore non riuscendo a farla lavorare, poiché estremamente diffidente, chiamò il proprietario per sapere cosa avesse passato Helga, fissarono un incontro. A quell'incontro, casualmente, fu anche presente "l' allevatore": il legittimo proprietario disse che lui non se ne faceva niente di quella cagna, se non avesse fatto il campionato di bellezza (che bella personcina non trovate?)... L'allevatore asserì che per lui un cane che era uscito da casa sua non era più affar suo... Carlo abbassò lo sguardo ed Helga lo guardò negli occhi, la tenne lui. Quando quasi un anno dopo lo chiamai al telefono gli dissi : "Ma cazzo Carlo, hai una standard a pelo duro e non me la hai ancora regalata?!", mi rispose: "Certo, se la vuoi è tua!". L'indomani andai a prendere la mia Helga. Ero un'anima in pena, non riuscivo a fermarmi, quindi almeno tre volte la settimana andavo dal parrucchiere, al massimo tenevo lo stesso taglio e/o colore una decina di giorni, ero veramente magra, troppo magra; per mio marito era normale, era normale scansarsi mentre io cadevo a ruota libera nel malessere. Un pomeriggio, mentre ci trovavamo nella nostra cucina dissi lui : "Fabio, al mondo ho solo più te" e lui controbatté dicendo: "No, hai tuo figlio, i tuoi fratelli" replicai: "Zavorra, non posso certo appoggiarmi a loro".

Che con quell' affermazione volesse dirmi che non mi avrebbe mai sorretto e ch'io non l'abbia capito ? Credo di si ! I miei cani non hanno bisogno di una richiesta d'aiuto, loro lo sanno e basta, mi stanno vicino in modo diverso quando sono turbata, fanno addirittura i pagliacci per strapparmi un sorriso, eppure io non gli ho mai detto che al mondo ho solo loro; loro lo sanno: non si scansano per lasciarmi precipitare nel baratro dei pensieri ossessivi e dei comportamenti compulsivi. Quanta neve cade: avremo passato il metro, ed ancora nessun mezzo all'orizzonte. E' meglio così: bloccata dalla neve, potrò compiere un viaggio, forse il viaggio più importante della mia vita, quello all'interno di me, vorrei capire cosa debbo fare, e come mettere in pratica quella che sarà la mia scelta... Nel consegnarmi Helga Paolo mi disse:" se c'è qualcuno in grado di far lavorare questo cane questa persona sei tu". Non so perché me lo disse, né come avesse fatto a capirlo. Questa pace, in questo luogo ameno, mi sta aiutando a non impazzire completamente... Anche allora ero ad un passo dalla follia conclamata, mi sentivo letteralmente come la povera bambina giapponese, che per colpa delle ustioni da radiazioni, causate dall'esplosione della prima bomba atomica, non poteva smettere di correre per il dolore. Non potevo fermarmi, ero consapevole che non sarei più riuscita a rimettermi in moto, mi sarei lasciata morire di inedia, di dolore. Conquistare il cuore di Helga non fu così semplice: per mesi mangiò solo in un trasportino sotto al mio letto, quando nessuno la vedeva, e per il resto della sua vita il letto fu il centro del suo universo. Dopo circa tre mesi dal suo arrivo Helga andò in calore. Quando dico che per Helga il mio letto rappresenta il centro dell'universo non scherzo! Dovete sapere che per il mio secondo talamo lo feci realizzare da un amico fabbro, un letto in ferro battuto, molto semplice, (oggi, a diversi anni di distanza, dormo in un favoloso letto a baldacchino, con gambe grissinate e pavoni intagliati, pagato a caro prezzo). Mia suocera dell'epoca, che ora si starà rigirando nella tomba, lo etichettò definendolo un letto da "fraticello".. Un pomeriggio entrai in camera e trovai Helga e Forrest letteralmente appesi (tenuti insieme dal "nodo") uno con l'anteriore appoggiato a terra sul fondo del mio lato del letto e l'altra con gli anteriori che poggiavano in terra dal lato dei piedi, attimo di panico, poi il lato migliore di me mi fece prendere la giusta e rapidissima decisione di afferrare per la collottola gli amanti e con sforzo immenso li alzai all'unisono per poggiarli sul letto! Da quel giorno Helga cominciò a salire da sola sul letto senza andarcisi a nascondere sotto per diffidenza e paura. Allora il mio veterinario era Gino, col quale c'è sempre stato un rapporto di stima e fiducia reciproca, mi disse di portargli Helga al ventitreesimo giorno dall'accoppiamento. Feci quel che mi aveva detto, e per la prima volta vidi: la sua mano tastare l'addome di una cagna e contare addirittura gli embrioni. Mi disse: i cuccioli ci sono, conto cinque embrioni. Decisi di destinare alla cucciolata il mio studio, posto nella camera di fronte alla mia. Sono trascorsi molti anni, ma un parto è un parto, importante tanto quel mio primo quanto l'ultimo: forse allora ero più preoccupata, non conoscendo bene Helga, che all'epoca viveva con me da meno di sei mesi. Oggi so che le cagne si affidano al nostro aiuto, anzi confidano nel nostro intervento, comunque nella nostra presenza! Passai la notte con la futura mamma, nello studio, il parto iniziò solo la mattina. Mio marito rientrò sul mezzogiorno, per pranzare ovviamente. Venne da noi nello studio, ed io gli dissi di iniziare a mangiare senza di me, e che io sarei andata a mangiare quando lui mi avesse dato il cambio con Helga. Per carità fece ciò ch'io gli avevo chiesto, anche perché non comportava "sforzo mentale o fisico". In quell'occasione feci una cosa che mi condiziona ancor oggi, a quell'epoca, nel bene e nel male, avevo una *familia* a cui preparare i pasti, decisi quindi che in prossimità del parto avrei preparato cibi non dovessero essere "cucinati sul momento", nello specifico preparai una "pasqualina" (torta verde a base di carciofi). Quando rientrai nello studio stavo ingoiando un grosso boccone di torta pasqualina, peccato che i miei occhi videro contemporaneamente Helga che stava mangiando un placenta, ingoiammo nel medesimo istante, corsi in bagno e rimisi anche l'anima ! Da quell'episodio, per anni, ad ogni parto assistei le puerpere con un secchio, perché a volte non arrivavo al bagno. Sebbene i vecchi allevatori asseriscano di abbassare le luci e lasciare sola la cagnina ai primi segni di inizio travaglio, io, essendo una donna, posso unicamente dissentire, perché di piccole e grandi emergenze negli anni ne ho avute, eccome se ne ho avute! Ne ho anche prevenute. Con gli animali bisogna avere "occhio", ed ancor di più quando se ne gestisce una comunità! Con lo sguardo bisogna "vedere" al di là di cosa è realmente visibile… Avendo ereditato l'affisso, ho mantenuto il metodo di riconoscimento delle cucciolate mediante la sequenza delle lettere dell'alfabeto: dato che la prima fu dei cani di mio fratello, quindi con nomi con iniziale la lettera "A", decisi quindi di cominciare con la lettera "B". I due maschi si chiamarono Barbablù di Eman, Bacco Tabacco e Venere di Eman, le tre femmine Bella di Eman, Birra di Eman e Bignè di Eman. Non c'è motivazione migliore al mondo per aprire gli occhi che il farlo per dei dolcissimi esserini pelosi, quali i cani, ed ancor più per dei cuccioli: quei cuccioli riempirono dolcemente il mio dolore. Il malessere crea ansia e fu la mia amatissima Bignè ad essere il centro delle mie ansie... Temevo che gli altri cani adulti potessero farle inavvertitamente male, quindi poteva stare coi grandi solo con la mia supervisione. Le avevo creato un recintone di oltre cinquanta metri quadri in cui stare in mia assenza. Mi sembrava che la casa potesse inglobarmi in un vortice di pensieri ossessivi: mi faceva soffocare, dovevo scappare, scappare dal mio dolore, dal dolore lacerante di aver perso l'unica persona al mondo che mi amasse: "mia mamma". Ed ora nella sala, di questa casa nel bosco ora sepolta dalla neve, accanto alla stufa a legna, ci sono Lele ed i suoi cuccioli. Meno male che nel bagaglio avevo previsto gli omogeneizzati, più tardi darò loro il primo pasto con un mini cucchiaino d'argento: sempre i miei cuccioli hanno fatto il loro primo pasto con omogeneizzato dato su quel mini cucchiaino d'argento. Quanti anni sono passati, eppure sono sempre viva, con alti veramente troppo alti e bassi terribilmente bassi, troppo bassi, i cuccioli sono, da sempre il mio unico legame con la quotidianità, con la realtà. Io mi domando come faccia una persona ad affermare di amarmi senza baciare la terra su cui poggiano le zampe i miei cani, eppure io Lui lo amo. Non avevo mai provato un sentimento così forte verso un essere umano, ma lui i cani in casa non li vuole, e nel letto men che meno… Eppure mi ama, sono certa che mi ama, oppure mi illudo? Quando asserisco di aver fatto praticamente tutti i tipi di terapia con psicologi e psichiatri, non scherzo: feci anche della psicoterapia di gruppo o gruppanalisi… Conobbi così Diana, ricordo molte cose di lei. Continuammo a frequentarci anche successivamente, per molti anni, sino a quando lei si trasferì. Parlammo molto di sentimenti, lei descrivendo una situazione mi disse:".. si una di quelle storie in cui stai male, stai sempre così tanto male, che come stai un poco meglio, credi di stare bene, ma stai solo un po' meno male.." Devo fare chiarezza, quella chiarezza che non sono mai riuscita a fare sino in fondo, in fondo alla mia anima, in fondo ai miei sentimenti. Intanto qui non accenna a smettere di nevicare, e non si vedono mezzi giungere in mio soccorso, anche se il soccorso che mi servirebbe: dovrebbe essere nel duello interiore contro la parte buia di me... I cuccioli di Lele devono fare il loro pasto di omogeneizzato, ed io, io ho bisogno di fare una pausa, ho bisogno dei miei cani: ricordare è faticoso, non si sa mai dove i nostri pensieri andranno a parare. Questi piccoli tesorini pelosi convergono verso di me, hanno già capito che porto loro la pappa buona. Prima di portar loro l'omogeneizzato ho messo Lele fuori, ma non fuori nella neve ! Fuori dal recintino: sebbene abbia un ottimo istinto materno si mangerebbe tutto, non ho tutta questa scorta di omogeneizzati. Lolli è una bassotta standard a pelo duro, mio diritto di monta, che vendetti ad Elena alcuni anni orsono. Come quella volta, accade che i miei clienti divengono amici meravigliosi con cui la nostra vita si incrocia. Siamo destinati ad incontrarci, e a reincontrarci, l'appuntamento fu stabilito in altre dimensioni di vita, qui le nostre prove, quelle che ci sembrarono talmente semplici, e che sono così ardue... Lolli si rivelò una bassottina eccezionale, dotata di un buon carattere, ottimo cane da barca, ma soprattutto gioia di una *familia* numerosa, quale quella di Elena. Essendo Lolli così speciale, ed essendo diritto suo e della sua *familia* umana godere delle gioie di una sua cucciolata, decidemmo, raggiunta l'età adulta, ed il periodo dell'anno migliore, di farle fare i cuccioli. Elena mi portò Lolli ad inizio del calore, ma non riuscì ad accoppiarsi naturalmente. Li portai dal veterinario per fare quella che fu la prima inseminazione artificiale della mia vita. Avrei dovuto capire allora che se i cani non si accoppiano naturalmente bisogna desistere, non è destino! Comunque facemmo artificialmente quell'accoppiamento. Gli accordi consistevano nel portarmi Lolli intorno a venti giorni prima del parto: con me avrebbe partorito e portato avanti la cucciolata, loro sarebbero venuti a casa mia a trovare Lolli ed i suoi figli ogni qualvolta lo avessero desiderato. Lolli mi venne portata, si reintegrò con il mio piccolo branco di tesorini pelosi. Arrivò il giorno del parto: aveva iniziato il travaglio nella mattinata, nel mio studio, quello della casa in cui vivevo col mio secondo marito. Durante la fase espulsiva mi resi conto che c'era qualcosa che non andava: sebbene tentassi di aiutare manualmente l'espulsione del cucciolo, che era incastrato, non riuscivo a tirarlo fuori. Oramai era pomeriggio, Gino si trovava in studio. Gli telefonai, lui continuò a ripetere che dovevo tirarlo fuori, di ruotare e contemporaneamente tirare, se fosse stato troppo metà dentro e metà fuori non ce l'avrebbe fatta. Non riuscii a tirar fuori il cucciolo. Corsi con Lolli in studio, li avevo avvisati del mio arrivo. Consci dell'urgenza mi fecero trovare lo studio sgombro da altri pazienti. Iniziammo a cercare di estrarre il cucciolo: non c'era verso. Lolli una santa, non si lamentò, anzi collaborò spingendo. Eravamo in tre ad armeggiare con la sua vulva: Mi domando ancor oggi, come Gino, in circa dieci minuti riuscì ad estrarre il cucciolo, che aveva il capo letteralmente ripiegato sul petto, purtroppo privo di vita. Dietro di lui ne uscì un altro, ma anch'esso non respirò mai. Nessuno dei due cuccioli visse. Gino, il mio veterinario di fiducia di allora (di quando vivevo lì), mi spiegò che quel tipo di posizione in rari casi lo aveva potuto riscontrare in parti di ovini, all'inizio della sua carriera: in un trentennio di parti canini non gli era mai successo! Credo che non fosse destino. La caparbietà umana di pretendere ciò che la natura non avrebbe voluto, la natura è perfetta, a noi non è dato di sapere, di comprendere... La neve continua a cadere, ovattando i miei ricordi, mitigando il mio dolore. Che gran casino ho fatto nella mia vita: possibile che Lui non capisca, eppure avevo già i miei bassotti, allevavo, scrivevo, addestravo, è la mia vita... Avevo già dovuto lasciare la mia casa, ma più che altro mio figlio Eugenio, quello che risponde ad i miei sms di amore con una serie di insulti. Non riesci ad aver pietà del mio dolore, non riesci a capire cosa sono per me i miei bassotti ? Io non chiesi nulla, tu mi proponesti ed io accettai, quel che tu decidesti in seguito fu solo una tua decisione, decisione in cui io non venni neanche interpellata, decisione che non avrei mai approvato. La seconda inseminazione artificiale la facemmo a Firenze. Bignè, la mia bassotta campionessa internazionale di lavoro, nata dalla prima cucciolata di Forrest ed Helga, tenevo tantissimo alla sua cucciolata. Decidemmo con l'allevatrice di Forrest di farla accoppiare con lo zio, con il fratello di Forrest... Si trattava di un cane già avanti negli anni, che aveva coperto una sola volta in vita sua, molti anni prima, il suo nome è Gustavo. Gustavo vive a Firenze: andammo da lui. L'età avanzata e la scarsa esperienza fecero si che dovemmo ricorrere ad una inseminazione artificiale. L'ecografia evidenziò un unico cucciolo nell'utero della mia amata Bignè, decidemmo quindi per un cesareo programmato. La cucciola che portava in grembo non visse neanche un istante, l'utero dovette essere asportato: niente più cuccioli da Bignè. Avevo nuovamente voluto sostituirmi a madre natura e la seconda volta mi diede un tale calcio nei denti da farmi capire che sarà la natura a decidere cosa deve o non deve accadere.

Lui desidera un figlio da me. Io mi feci sterilizzare molti anni fa: non desideravo altri figli e neanche quello che allora era mio marito. Sono inoltre uno di quei casi clinici di menopausa precoce: a quarantadue anni il mio corpo ha smesso di produrre "uova". Sono fermamente contraria all'impianto di embrioni ottenuti dalla fecondazione di un "uovo" proveniente da una donatrice! Se si tratta realmente di donare amore ad un essere vivente per quale motivo non adottarlo ? L'Amore (si l'Amore: non è un errore di battitura) quello con la "a" maiuscola non è una questione di biologia ma di cuore, si può amare una creatura anche se non è generata da noi! In questo i cani sono anni luce più avanti di noi. Questo ricordo risale a circa vent'anni orsono. A quell'epoca andavo a far shopping per Forrest in un negozio per animali che si trovava nel centro storico di Albenga: avevo unicamente Forrest e Pepa, quindi andavo ancora ad acquistare cibo ed accessori nei negozi. Un pomeriggio mi recai presso il mio negozio di fiducia, vidi dietro al bancone una schnauzer nana sale e pepe intenta ad allattare quattro cuccioli notevolmente più grossi di lei. Domandai alla proprietaria come avesse fatto a partorirli. Mi raccontò che i cuccioli non erano affatto figli della sua cagnina: una sera intorno alla mezzanotte, durante l'ultima passeggiata serale, in cui lei e suo marito si godevano la città deserta, la loro cagnolina si arrampicò in un lampo all'interno di un cassonetto della spazzatura; vi si dovettero letteralmente introdurre all'interno per riuscire ad estrarre la cagna ed il sacchetto in cui si trovavano quattro cuccioli di cane vivi, buttati via vivi come una confezione vuota, come le bucce di patate ! Portarono a casa quei teneri esserini. Mentre la moglie preparava un cesto caldo ed accogliente il marito andò a riaprire il negozio per portare a casa del latte da cucciolo. La schnauzerina li accudì come suoi, li lasciò attaccare alle tette: circa un'ora dopo le mammelle della cagna divennero fucsia. Dodici ore dopo era giunta la montata lattea: crebbe i quattro cuccioli come fossero i propri. L'uomo è capace di buttare nei cassonetti dell'immondizia i propri cuccioli e quelli di altre specie che non desidera: se fosse per me rimetterei in uso le ruote nei conventi ed un qualcosa di analogo per gli animali domestici! Mi domando quindi perché partorire il figlio "di un'altra donna", concepito con un uomo che amo. Non sarebbe più giusto o meglio, se trattasi di gesto d'Amore e non egoistico, un'adozione? O meglio ancora un affidamento, l'affidamento ad una *familia* di un ragazzino/a in difficoltà? Questo sarebbe un gesto di Amore: non mettere caparbiamente al mondo un figlio, che la natura non ha in serbo per te, ma accudirne uno per il tempo necessario ad aiutarlo a passare un momento di grave disagio. Far vedere lui la possibilità di un qualcosa di diverso, di un amore sincero, un porto sicuro in cui approdare, un sostegno, un orecchio che sa ascoltare e comprendere senza giudicare… Solo tragedie con le inseminazioni artificiali. Mi sono bastate, ho capito il messaggio: non ci si può opporre a ciò che la vita ha in serbo per noi, nessun accanimento terapeutico, niente forzature umane.

DALLE GARE ALLA CACCIA

Quanto vorrei che il Dott. T. fosse ancora vivo.

Lo conobbi partecipando a una qualche manifestazione: un uomo alto, asciutto, distinto. E' mancato durante una mia fuga di qualche mese fa nella casa in Slovenia. Sento un grande vuoto fisico: mi mancano di lui tutti quei racconti di gare, di caccia, di vita, e più che altro mi manca il suo affetto sincero, come quello ch'io nutro nei suoi confronti. Non è facile, o meglio per me non lo è stato. Mio padre morì quando avevo appena compiuto sedici anni. Ho avuto un solo figlio a quasi diciotto anni allevato con la supervisione di mia mamma, mamma che è morta quando io avevo trentatré anni: da quell'età in avanti non ho più avuto un pilastro al quale potermi aggrappare. I valori trasmessimi dai miei genitori, oggi come oggi, sono un qualcosa di inusueto ahimè. Il coraggio delle proprie azioni, l'educazione estremamente formale, il non fermarsi all'apparenza, il dover convivere con la propria coscienza, ai giorni nostri sono un'eccezione… ma con il Dott. T. era come essere con la mia *familia* d'origine. Il rispetto dell'individuo, delle regole, ed i suoi racconti, la sua simpatia. L'emozione trasmessami dai cani durante un'azione di caccia mi fece avvicinare all'ars venandi una decina di anni orsono.
Andai a fare una gara, la vinsi e partimmo con un amico, destinazione Slovenia, Riserva di caccia Fazan. Arrivammo alle due del pomeriggio a Beltinci alla casa di caccia; si era aggiunto anche un altro amico italiano, che venne però con la sua automobile. Sbrigarono le formalità mentre io mi occupai di far sporcare e

passeggiare i cani nel parco adiacente. Dopodiché, con mio grande stupore, ci recammo in un ristorante che ci servì come se fosse stato mezzogiorno! Mangiammo gulash e bevemmo un ottimo rosso, dopo di ché iniziammo con la grappa: convinta di andare poi a dormire in Albergo, con la grappa io "ci diedi" in modo superiore ad i miei commensali. Scoprii solo arrivata all'Albergo che avevamo giusto giusto il tempo per cambiarci d'abito ed uscire a caccia. Come al solito ero l'unica donna, ed in quel momento anche l'unica alticcia ! Non feci una piega, e diligentemente mi cambiai. Stefan era un uomo sulla cinquantina, passava il quintale, dietro alle spesse lenti dei suoi occhiali, i suoi occhi parevano sottodimensionati se paragonati alla sua mole, si esprimeva bene in italiano ed era anche il nostro accompagnatore. Stefan ci attendeva nella hall dell'albergo, prendemmo velocemente un caffè e poi via sul fuoristrada. Non avevo idea di quanto distassero i terreni di caccia. Passarono una manciata di minuti, quando Stefan posteggiò a lato di una carraia immersa nella fitta vegetazione. Scendemmo silenziosamente dalla vettura, Stefan sfoderò una carabina dotata di ottica, ci incamminammo. Pochi metri dopo la vegetazione si aprì, dinnanzi ad i miei occhi un'estesa pianura, grano tagliato, campi arati, inframezzati da una striscia di incolto. In questo nastro di vegetazione, priva di alberi, si ergeva un'altana, certamente eretta qualche anno prima, il legno era ormai grigio chiaro... Ho sempre avuto paura dell'altezza (ma che paura, terrore è il termine più appropriato): vedendo Stefan e l'amico Claudio dirigersi in direzione di quella torre di circa quattro metri di altezza, sentii la pressione sanguigna esplodere all'interno del mio corpo. Chiudevo la fila. Da bravi cavalieri, giunti dinnanzi alla scala a pioli mi cedettero il passo, se avessi dato retta a quella prima sensazione il mio istinto di sopravvivenza mi avrebbe fatto scappare a gambe levate. Non lo feci. Appoggiato il piede destro, sul primo piolo, udendone lo scricchiolio prodotto, venni colta da un attimo di puro panico. Mi ripetei che se fossi salita con piede leggero, ed al momento in cui fossi stata in cima avessi respirato piano, forse non sarei morta... Ogni volta che il mio piede poggiava su di un piolo il legno produceva un suono poco rassicurante. Conquistai la vetta, mi sedetti immobile: mi ripetevo che l'altana avrebbe sostenuto anche Claudio, non osavo girarmi per vedere a che punto della scala si trovasse. Seguivo lo scricchiolante suono dei suoi passi: in pochi secondi, lunghi anni, Claudio mi raggiunse e si sedette al mio fianco. Ero salva, eravamo salvi, l'altana aveva retto! Fu un istante, poi sentii altri scricchiolii, uniti all'ondeggiamento dell'altana: Stava salendo anche Stefan. L'altana non avrebbe retto, ne ero certa! Immaginai i titoli dei giornali "casalinga muore in Slovenia schiacciata dal peso dell'accompagnatore nel crollo di un'altana"… Finalmente arrivò anche lui, si sistemò un minuscolo sgabello ed aspettammo. Continuavo a non riempire completamente i polmoni di aria per paura del crollo. Sapevo che si trattava di caccia al capriolo, ma sinceramente non avevo neanche mai visto un capriolo da vicino. I minuti passarono, i caprioli iniziarono ad apparire in ogni direzione posassi lo sguardo. Erano lontani: il giorno iniziò a cedere il passo alla sera, la luce cominciò ad affievolirsi, e quelli erano ancora assai distanti. Il tempo trascorreva con una lentezza impressionante. Era quasi buio quando Stefan disse: "Se vuole sparare bisogna provare ora o sarà troppo scuro, il capo è quello più piccolo dei due laggiù". Claudio tolse la sicura alla carabina e me la passò un paio di secondi dopo: avevo inquadrato, tirato lo stecher, sfiorato, ed il capo giusto era crollato a terra. A quel punto mi sarei fiondata giù alla velocità della luce, ma ahimè nessuno mosse un muscolo. Claudio rivolto a Stefan disse: "ti avevo detto che la mia amica sparava bene, ne ero sicuro!", l'altro rispose: "si vede che lei molto tranquilla"... Molto tranquilla?? Io?? E poi perché non si scendeva ? Con espressione interrogativa guardai Claudio, il quale con fare rassicurante mi spiegò che non si doveva disturbare sino a piena certezza del trapasso, un gesto di rispetto per la preda... Passarono dunque una decina di minuti abbondanti. Scesi a ritroso la scala, saggiando la distanza che mi separava dal suolo agognato. Poggiato i piedi a terra mi inginocchiai, baciai il terreno, ero salva, l'altana non era crollata, avevo abbattuto l'animale giusto, il piano di abbattimento era stato rispettato.

IL DOTTOR "T"

La Slovenia... Ci recammo più volte in quell'angolo di paradiso, la maggior parte delle volte andammo insieme al Dott. "T". Viaggiare col Dott. "T" era assai divertente, come diceva Claudio con lo "zio T" puoi fare a meno della radio! Per me si trattava proprio di un adulto al quale aggrapparmi, una di quelle persone che sono durissime solo a parole: quando mi vedeva con un bassotto in braccio mi domandava se il cane non avesse le zampe. Il motivo per il quale il Dott. "T" affermava di non voler (più) cani all'interno delle mura domestiche aveva fondamenta nel dolore che gli procurò la perdita di un suo fox terrier, di cui mi sfugge il nome. Di questo fox raccontava spesso aneddoti, uno che ricordo con particolare tenerezza riguardava il rapporto che il fox aveva col figlio, il quale diceva al cane che c'erano gli indiani e lui prontamente correva a cercarli abbaiando per tutta la casa! Sappiate figli e nipoti del Dott. "T" che eravate il cuore del suo cuore: parlava sempre orgogliosamente ed affettuosamente di tutti voi e di sua moglie. Mentre scrivo mi sembra di sentire la sua voce, ci siamo sempre dati del lei. Quando acquistai dalla Riserva Fazan quella ex casa di caccia, lui fu sempre un ospite assai gradito. Per quella casa mi regalò le stoviglie, gli strofinacci e sua moglie mi mandò addirittura le tende: sebbene non si tratti di cose di un grande valore intrinseco, sono quelle che amo maggiormente ed adopero con un piacere particolare, donate con affetto, le più preziose al mondo, in uso tutt'ora. Ricordo quella comitiva, quella con la quale andammo a caccia di cervi, sempre lì, sempre con i miei bassotti. Ne avevo lasciati alcuni in pensione da Fausto, a Reggio, aumentando lo spazio sulla mia seconda Renault Kangoo: sulla mia macchina, Claudio, Gianfranco ed il Dott. "T". Lasciai in pensione 5 cani, un paio li portai con me: a casa l'amato Forrest, Helga e Fiaba coi cuccioli, cuccioli di tre mesi e mezzo, cinque cuccioli con due vaccinazioni fatte, accuditi dal mio secondo marito. In Slovenia ci raggiunse anche mio fratello con la sua compagna, una splendida creatura, Meggie, con loro sette jackkini di lei. Iniziarono le uscite serali al cervo e mattutine al capriolo, una compagnia assai assortita, ma la scena è sempre stata dominata dal Dott. "T". Sebbene ottantenne, la sua energia è sempre stata quella di un ventenne. Avevamo già capito che una parte della squadra era composta da individui convinti di andare a caccia in un supermercato di selvaggina: il cervo era troppo piccolo o troppo grosso per la futura ubicazione del trofeo. Il secondo giorno facemmo una scappata in Ungheria a far shopping, cercammo i cetrioli sott'aceto per un nipote del Dott. "T", e ne comprammo un vaso di dimensioni megagalattiche! Nello spostamento per rientrare alla Riserva per l'uscita serale ricevetti la chiamata di mio marito nella quale mi comunicava che un cucciolo non stava bene, aveva iniziato a vomitare e che era assai abbacchiato. Gli dissi di portarlo da Gino, questo succedeva intorno a mezzogiorno e mezza. Alle 16 mi chiamò nuovamente per dirmi che tornato a casa il cucciolo che vomitava aveva iniziato a vomitar sangue, e che anche gli altri avevano iniziato a stare male. La terza telefonata me la fece dallo studio di Gino: diagnosi parvovirosi, mi disse di rientrare, da solo non era in grado di effettuare le terapie. Piangendo gli risposi di portare i cuccioli in clinica ad Imperia: non eravamo emotivamente in grado di prenderci cura di quei cinque deliziosi cuccioli, i cinque cuccioli che avevo deciso di non cedere, di tenere per me. Le persone come me tendono ad aumentare il numero di cani proporzionatamente al proprio malessere, più si sta male più si ha bisogno di cani, ero magra, iper attiva, fase compulsiva, non ero in grado di reggere un'ennesima sofferenza... Sapevo di aver fatto la cosa migliore per i miei cani, sapevo di avere in macchina con me altre persone che non potevo né mollare lì, né riportare indietro anzitempo. Avrei si potuto saltare su di un aereo, ma i cani che erano con me? Iniziò la disperazione, non potevo smettere di piangere, il Dott. "T" non riuscì a rincuorarmi. Ricordo perfettamente un'uscita serale al capriolo. Oramai avevo superato la paura dell'altana, quella altana era situata in una radura nel mezzo di un bosco, ancorata ad una quercia secolare… Fu in quel campo che sparai al primo maschio di capriolo con Darko, il figlio di Stefan. Per arrivare bisognava lasciare la macchina parecchio prima, si procedeva facendosi letteralmente largo fra le zanzare, in una carraia poco usata… Era inizio estate. Darko venne a prendermi in albergo, aveva smesso di piovere da poco, ci ricoprimmo abbondantemente di repellente per zanzare: data la vicinanza col Mura, l'inconveniente del muoversi fra la vegetazione sono proprio gli attacchi delle zanzare. Scendemmo lentamente dalla sua macchina, ci mettemmo gli zaini sulle spalle ed in rigoroso silenzio ci avviammo nel bosco, cercando di produrre il minor rumore possibile. La luce del sole ancora alto filtrava a tratti tra la fitta vegetazione di quel bosco, posto a meno di cento metri dalle sponde del fiume Mura: sembrava di essere in un'altra dimensione, una dimensione primordiale. Era la prima volta che andavo a caccia di caprioli maschi, credo, anzi sono certa che allora non avessi neanche il porto d'armi italiano… Sfociammo in un pratone nel bel mezzo di quel bosco incantato, al centro di esso una quercia secolare portava nel proprio ventre un'altana, ai suoi piedi un maschio di capriolo: ci immobilizzammo all'unisono, senza produrre alcun suono avevo poggiai lo zaino in terra. Darko si voltò, indicò il capriolo facendomi un segno di approvazione. Era il capo giusto. Sembrava ci si fosse dati appuntamento. Le zanzare ci attaccavano, nonostante il repellente messo solo un paio di minuti prima. Accennai a piegare il ginocchio destro, Darko scosse il capo indicando il mio zaino dinnanzi ai miei piedi, si diede una lieve pacca sulla spalla destra. Oddio, avrei dovuto poggiare la carabina sulla sua spalla anziché sullo zaino! Troppe cose tutte insieme, per una inesperienza pari alla mia. Non potevo controbattere, Darko mi dava già le spalle, poggiai la carabina sulla sua spalla, inquadrai il maschio di capriolo, tirai lo stecher, feci combaciare la croce dell'ottica col cuore dell'animale, accarezzai il grilletto, il maschio di capriolo crollò a terra: il mio primo trofeo. Darko si voltò sorridendo: sul suo viso un modesto rivolo di sangue pareva partire dal suo orecchio, per continuare la sua discesa sul suo volto. Mi sentii cedere le gambe: temetti che l'esplosione a così poca distanza dal suo timpano glielo avesse fatto esplodere. Fortunatamente la realtà era ben diversa: Darko per scacciare una zanzara dal proprio volto l'uccise (colpendola con la mano). Il sangue era si di Darko, ma proveniente dal ventre dell'insetto! Ed anche quella volta quella che sarebbe dovuta essere un'emozione per l'abbattimento, non lo fu. Iniziai a pensare di aver sbagliato tutto nella vita: avrei dovuto fare il killer, credo proverei un'emozione ancora inferiore, quindi il nulla... Quello fu un bel trofeo, un bel ricordo, il ricordo di un bel pomeriggio, un bel tiro, una buona scuola e delle buone risate ! Per gli addetti ai lavori il punteggio CIC 95 punti. Era passato del tempo, avevamo dovuto monopolizzare tutti gli accompagnatori della riserva, eravamo una comitiva numerosa. A casa la tragedia, nel mio cuore un dolore acuto, pungente, costante: i miei cuccioli stavano morendo, a circa 900 chilometri di distanza. Ero come anestetizzata dal dolore, la mia cucciolata "H" stava morendo. Anche in quell'occasione Claudio faceva parte della compagnia, e quella sera eravamo privi di accompagnatore, non ero interessata all'abbattimento di un cervo, non ero interessata a nulla per la verità. Arrivammo, salimmo sull'altana, il tutto in silenzio, le lacrime non fanno rumore, o meglio, gli umani non sentiranno mai il rumore prodotto dalle nostre lacrime, dal nostro malessere: il dolore non produce rumore udibile se non per i cani. Il tempo si era nuovamente fermato, non passava, un minuto durava un'ora, sul lato destro del prato, proprio a pochi centimetri dal folto del bosco apparve un capriolo con un trofeo eccezionale, Claudio mi passò la carabina e mi disse "spara, te lo regalo io, basta che smetti di piangere, sei una borsa". Presi la carabina con un gesto automatico, senza convinzione, la misi sull'appoggio per sparare, inquadrai quell'animale, era fiero del suo trofeo, del suo territorio, della sua vita... Quel capriolo era come dovevano essere i miei cuccioli, belli, fieri bassotti da caccia, "progenie di Forrest", pensai "una vita per una vita", avrei ucciso un mio cucciolo se avessi preso quel capriolo. Spostai volutamente la mira, tolsi lo stecher, sfiorai, la botta partì: il capo da medaglia era salvo, avrebbe continuato a vivere, nel mio io troppe vite erano in gioco. Dal mio scarno racconto il Dott. "T" capì: me lo lesse negli occhi, occhi pieni di lacrime. Fece di tutto per tirarmi su, compreso lo sgridarmi, ma non ci credeva neppure lui, lui che non volle più cani in casa per non dover soffrire in quel modo. Una sera al ristorante mi regalò una tovaglietta quadrata verde con ricamate delle ghiande, puro stile mittel-europeo, sono certa la avesse comprata per una delle sue figlie, da quel giorno divenne la più amata delle mie tovaglie, quella che tiro fuori solo in occasioni speciali, come speciale era il posto riservato, nella mia fragile esistenza, al Dott. "T", venutomi a mancare quando tanto ancora ne avrei avuto bisogno.

DOLORE E FELICITA'

Tramite mio marito seppi che già due cuccioli erano morti, mi disse che era morta la mia preferita. In tutte le cucciolate sono solita tenere la femmina più minuta e più chiara di mantello: la mia Hermione era dunque morta, eppure io non avevo preso la vita al capriolo. Durante il viaggio di rientro non solo decisi di non portare a casa i cani che erano in pensione, ma di non portare neanche quelli che erano venuti via insieme a me. Varcato il confine italiano chiamai la clinica veterinaria, parlai col primario, mi spiegò che si trattava di un parvovirus anomalo: oltre alla sintomatologia classica si presentava anche una tosse persistente, resistente alle normali terapie. Pregai il primario di non riferirmi il sesso dei cuccioli se ne fossero morti altri. Questo fu il motivo per il quale non mi sentii di portare in quel luogo infetto che era divenuta la mia casa, i cani sani che erano partiti con me. Passai i giorni a disinfettare, bruciare, e piangere, avevo paura di poter essere un veicolo di infezione per altri cani, a casa solo quattro cani adulti, quelli che erano rimasti a casa, Forrest, Helga, Fiaba e Pepa. Mi informai dettagliatamente su come si facesse una reale disinfezione, avevo abiti chiusi in sacchi di nylon che adoperavo per uscire di casa, vivevo piangendo, pulendo, soffrendo. Morì il terzo dei cinque cuccioli: decisi di farne analizzare le spoglie, di mandare gli organi a Padova, per farli esaminare al microscopio a scansione elettronica più potente in Italia in quegli anni. Andai con l'allora amica Letizia alla clinica. Misero il corpicino in un frigorifero da campeggio che portai, all'Istituto Zooprofilattico a Pavia. Fu pochi giorni dopo quel viaggio che mi venne spiegato dal responsabile che, per isolare il virus sarebbero dovute analizzare le feci, anche se emorragiche: quello sarebbe stato l'unico modo per avere una diagnosi certa, per isolare il ceppo anomalo di parvovirus… Mi telefonò il primario della clinica veterinaria, mi disse che un cucciolo non aveva avuto nessun sintomo, e che sarei potuta andarlo a prendere, non avrei ancora potuto portarlo a casa, ma portarlo fuori dalla clinica per farlo tenere a qualcuno di fidato, che avesse avuto si esperienza coi cani, ma che non ne avesse in quel momento… Non ho mai legato con la *familia* del mio secondo marito, c'era però una sua zia acquisita, la zia Zita con la quale avevo un buon rapporto, c'era una reciproca simpatia ed anche affetto da parte mia. Chiesi a lei, lei acconsentì. Andai da sola a prendere il mio cucciolo, non sapevo se si trattasse di un maschio o di una femmina: sapevo che Fabio mi aveva detto che la mia Hermione era stata la prima a morire. Ero in piena fase compulsiva, magrissima, pettinatissima, elegantissima, tailleur nero, scarpa di vernice rossa tacco 11, dentro di me lo strazio del dolore... Arrivata alla clinica mi fecero accomodare in uno studio. Il primario mi ripeté che quel cucciolo non aveva presentato alcun sintomo, che era un cane da utilizzare in allevamento. Entrò in quel momento un giovane veterinario con in braccio: Hermione! Piansi con singhiozzi talmente forti da impedirmi di pronunciare altre parole che non fossero "è la mia, è la mia...", mi ci volle oltre un'ora per riuscire ad esprimermi a parole e non solo col pianto. Mi lasciarono sola, con la mia emozione, in quello studio: vennero a controllare ch'io stessi bene diverse volte...Sebbene avessi fatto di tutto per non creare un'epidemia, non potei mai far luce sulle cause, ma mio marito, non essendo in grado di distinguere una decina di cani e quindi di ricordarne i nomi, in quell'occasione mi fece un regalo, il più bel regalo che mi abbia mai fatto: fece si ch'io toccassi il cielo con un dito!

Hermione, figlia di Forrest, la luce dei miei occhi: piangere abbracciata a lei fu ed è tuttora come farlo fra le braccia di mia madre.

LA DIAGNOSI ED IL GIURAMENTO

Era il 1998, era estate, ero sposata col mio secondo marito da tre anni, un figlio di quindici anni ed avevo Forrest, la mia vita scorreva su dei binari, vivevo ad una manciata di chilometri da mia mamma, quotidianamente ci vedevamo, e ci telefonavamo ogni qualvolta avessimo qualcosa da dirci, quindi diverse volte nell'arco della giornata. La sua presenza nella mia vita mi dava sicurezze e certezze, lei mi avrebbe amata sempre e comunque, sarei sempre stata bene accolta e rincuorata. La malattia di mia madre fu rapidissima: dal referto della prima lastra ai polmoni, in cui si consigliava di fare altri accertamenti, al giorno della sua morte passarono meno di quattro mesi. Iniziò sembrando una brutta polmonite, non passava, a settembre la tac. La diagnosi fu comunicata a me prima che a lei: tumore ai polmoni. Ovviamente Mario, radiologo amico di *familia*, addolcì la pillola a mia madre, non lo diede per certo, le consigliò ulteriori accertamenti, quali una broncoscopia. Mia madre era una persona assai colta e comunque aveva assistito mio padre, stessa patologia, solo in organi diversi per lui si trattò di vescica: capì perfettamente. Di ritorno dalla clinica mi fece giurare che non lo avrei detto a nessuno, ed anche che non voleva in alcun modo avere dolore. Mantenni la parola data? Confesso di averlo fatto solo parzialmente, poiché di ritorno a casa mia, distrutta dalle lacrime e straziata dal dolore corsi fra le braccia di mio marito, per poi staccarmi da lui ed andare in giardino a potare il mio roseto. Mi ci vollero un paio d'ore per tranquillizzarmi, o ,meglio per smettere di piangere a forti singhiozzi. Fu allora, solo da allora che imparai a nascondere totalmente ciò che ribolliva in me. Guardando a ritroso deve essere stata un'interpretazione da "Oscar", o forse no? Non la fu affatto, fu più facile far finta di niente. Mia mamma non accettò mai di sentir parlare di tumore. Tramite mia cugina andammo da un famosissimo professore, il quale cercò di tranquillizzarla. Erano passati due mesi dalla prima lastra al torace, le disse che si poteva trattare di un fungo polmonare o di una forma di tubercolosi, comunque bisognava fare la broncoscopia... Mentre mia mamma era ancora sedata, il Prof. M venne da mia cugina e da me comunicandoci che si trattava di un tumore: aveva già provocato una grande escavazione in un polmone, i bronchi ne erano stati devastati. Avendo sofferto di una grave forma di asma, mia madre la mancanza d'aria, la broncoscopia venne eseguita con una sedazione profonda. Senza sedazione profonda non si sarebbe potuto neanche svolgere l'esame. In questo momento manca l'aria anche a me. Quanto mi manca: non c'è stato giorno in questi anni che non mi sia mancata mia mamma… Interrompo un momento di scrivere. Sono andata di là in sala, da Lele ed i Lelecuccioli. Che belli i miei cuccioli, sono attaccati alle tette della loro mamma, premono ritmicamente con le loro mini zampette per aumentare la montata lattea: i cuccioli hanno un affetto ipnotico e rasserenante, i cuccioli sono i cuccioli! Oggi inizio a credere che le metastasi fossero già presenti al momento della broncoscopia. Dovevo mantenere il segreto, un macigno sulle mie spalle: parrucchiere, estetista, truccatore, abiti ed accessori, unico modo per riuscire a fingere che fosse tutto a posto. Alcune persone seppero per voce di mia madre: sua sorella, il di lei marito e figlia, suo fratello e la di lui moglie. I calmanti non bastarono più, già da diverse notti ero tornata a dormire a casa di mia madre, per poterle iniettare rapidamente gli antidolorifici, al momento in cui provava dolore. Una mattina andai da lei, mi sedetti sul suo letto, lei vi era coricata, le dissi, o meglio la supplicai di dire qualcosa ai "maschi" (come eravamo solite chiamare i miei due fratelli): io avevo maturato la decisione di tradire il giuramento, avrei detto ad i miei fratelli come stavano le cose. Lei acconsentì. E' stato veramente pesante mantenere un tale segreto: credo che i miei fratelli non me lo perdoneranno mai, ma io ho fatto solo quello che mi venne chiesto di giurare. Non me lo perdoneranno mai, lo so, e voi non sapete quanto avrei preferito essere io al posto vostro: io non ero in grado di reggere quel macigno, la mia vita si è sgretolata sotto quel peso. I miei fratelli lo seppero venti giorni prima della sua morte. Due o tre giorni dopo la loro messa a parte delle condizioni di mia madre, lei disse loro unicamente che forse aveva un tumore ai polmoni (fui io a vuotare il sacco dicendo loro le cose come stavano realmente). Iniziò l'ospedalizzazione. L'ospedale distava un centinaio di chilometri. Al pronto soccorso chiesi immediatamente che mia madre fosse visitata dall'equipe antalgica, avevo giurato che non le avrei fatto provare dolore. Circa una settimana prima della sua morte venne rianimata sotto i miei occhi, mentre le stavano facendo una tac, per valutare la quantità di metastasi al cervello: il Prof. M mi comunicò il suo stupore nel constatare che mia madre non aveva mai avuto una crisi respiratoria, sebbene avesse, oramai, solo meno di mezzo polmone. Mia mamma era una brava persona, riusciva sempre a rincuorare, incoraggiare e rasserenare le persone. I nostri amici, la hanno sempre adorata:

forse è stato il premio per una vita come la sua… La portai in clinica, non mi sentii di portarla a casa. Voleva unicamente me o mia cugina: non voleva visite, più che altro non voleva essere vista da mio figlio Eugenio. Ho passato tutte le notti con lei, notti che duravano quindici ore di fila, in cui il mio cuore era passato in un tritacarne, lentamente, ma il crollo fu rapidissimo. Tre giorni dopo il suo ricovero in clinica mi disse di vedere suo padre, poco dopo mi domandò :" tu sai qualcosa che non mi vuoi dire?! " Cosa avrei dovuto rispondere ad una domanda di mia madre, la verità ? Mentii, le giurai di non sapere nulla di più che non il suo bisogno di tirarsi su prima di tornare a casa per fare in seguito nuovi accertamenti… Ho giurato il falso a mia mamma. A lei ho chiesto scusa migliaia di volte, ora lo metto anche nero su bianco: non potevo dirti "stai morendo", non volevo che tu morissi, il pronunciarlo lo avrebbe reso troppo reale, le mie orecchie avrebbero udito la cosa più dolorosa della mia vita, ciò che né io né nessuno è pronto ad udire. Poche ore dopo entrò in agonia. Perse conoscenza iniziando ad avere uno strano respiro, con la bocca aperta. Mia zia inventò un sistema per farle anche cadere qualche goccia d'acqua in bocca oltre che inumidirle le labbra. Il suo cocktail a base di morfina venne sempre somministrato, non doveva provare dolore. Quelle notti, quando calano le ombre, ogni cosa acquista dimensioni maggiori, il tempo stesso si dilata. "Quelle" notti sono interminabili, i fantasmi che albergano nel profondo del nostro io prendono il sopravvento, costringendoci in un angolo, nell'angolo più buio del nostro essere. Mentre ero con lei mi resi conto che ciò che avevo nel letto a fianco, era già solamente il ricordo di mia madre: quello stato avrebbe potuto prolungarsi anche settimane… Pregai, quanto pregai il Dio dei giusti che la portasse via, quella non era vita, il suo volto era provato dal dolore a dalla malattia. Mia mamma, la mia dolce mamma morì con me in una di quelle notti che cominciavano alle 19 per terminare a mezzogiorno. Morì con me, fece un profondo respiro, con quella bocca che da giorni restava aperta, poi nulla: le gengive si sbiancarono, non respirò più. Avvicinai l'orecchio alla sua bocca, nulla, il respiro si era fermato. Aspettai quasi un'ora prima di avvisare che la mia mamma era morta. Il tempo che passai sola con il suo corpo privo di vita fu meno dilatato, molto calmo, quasi sereno: non soffriva più. A avevo già acquistato uno stupendo tailleur nero che avrei indossato per il suo funerale, e per lei un candido abito. Le infermiere lavarono il suo corpo e lo vestirono. In quegli interminabili giorni uscii più volte dalla clinica con le ciabatte e senza neanche una giacca, correvo a casa, dai miei cani, erano loro a leccare le mie lacrime ed a starmi vicino nel letto. Con la scusa di cercare di riposare potevo eclissarmi col mio dolore, con l'unico sollievo che potevo avere: Forrest, il mio bassotto a pelo duro, e Pepa, meticcia unica al mondo. Nessuno intuiva l'inferno che era divenuta la mia esistenza. Iniziai l'ascesa nel mio inferno personale sulla terra. Chi avrebbe moralmente dovuto sorreggere una donna nel suo crollo si scansò, mio marito, quello che giurò davanti a Dio di farlo non lo fece affatto, mi mollò bellamente al mio dolore. I miei fratelli continuarono a litigare fra di loro, ed io venni incolpata delle decisioni di mia madre, io però avevo dato la mia parola, e non l'avevo tradita. Non mi posi mai il problema se fosse giusto o sbagliato: rispettai la decisione di mia madre senza discutere, senza pormi domande, ubbidienza pronta, cieca, assoluta... Oggi, quasi quindici anni dopo, capisco molte cose, capisco perché lo abbia chiesto a me: non perché credesse ch'io fossi più forte, più intelligente, no. Lo fece perché ero il miglior soldatino, quello che esegue gli ordini del comandante senza chiedere spiegazioni… Avevo circa dodici anni, avevamo preso una nuova casa ad Alassio. Mio padre guidava l'auto sportiva di mia madre, con lui i miei fratelli ed un loro amico; dietro sulla seconda macchina di mia mamma viaggiavamo lei ed io. Entrati da pochi minuti in autostrada mia madre mi disse: "ora accosto, appena riesci buttati giù dalla macchina", decellerò, accostò, ed io aprii la portiera e mi buttai giù, rotolai un paio di metri nella scarpata erbosa dell'autostrada. Rialzandomi mi domandai quale fosse il motivo: vidi mia mamma e pochi metri più in là la nostra macchina divenuta una pira. In un'istante le fiamme divennero alte diversi di metri. mia mamma mi abbracciò forte forte. Vidi mio padre arrivare di corsa, ci abbracciò entrambe contemporaneamente. Col senno di oggi quello fu il più bel momento della mia vita! Accadde che mia madre vide d'un tratto le fiamme nell'abitacolo: decise di salvare dalle fiamme me, rallentando senza fermarsi, per paura che il divampare mi potesse avvolgere. Mio padre vide nello specchietto retrovisore le fiamme, dapprima sotto la nostra automobile, dopo avvolgere la nostra macchina, poi non vide né il mio buttarmi giù, né la mamma scendere. Mio padre temette di averci perse entrambe nel rogo. Se io avessi anche solo esitato saremmo morte. Eseguii l'ordine e ci salvammo, ero l'unica di cui aveva la certezza del comportamento ad un ordine perentorio, per quel motivo fui scelta, non per la possibilità di reggere un simile peso.

L'EUTANASIA

Non potendo far eutanasizzare mia madre, cercai di farle provare meno dolore possibile, e giurai a me stessa che mai e poi mai avrei fatto soffrire inutilmente un cane. ahimè la vita mi presentò, anni dopo, il dolore di leggere quella stessa "stanchezza di sofferenza" che lessi negli occhi di mia madre, negli occhi di Forrest... Gino, il mio veterinario, si è sempre compiaciuto per le mie doti deduttive. A quel tempo avevo già diversi bassotti, e quella si rivelò un grande fortuna od una grande sfortuna… Una sera mentre Forrest ed io eravamo sul divano, notai qualcosa di anomalo: il suo corpo aveva una forma leggermente diversa. Studiai il suo addome in ogni posizione, vi passai la serata e la mattina successiva. All'apertura dello studio Forrest ed io passammo per primi. Il figlio di Gino ha un super ecografo oltre ad essere un ottimo ecografista: rasatura dell'addome, gel, la mano esperta fece scorrere la sonda. Individuò una massa già di dimensioni ragguardevoli, aspetto tumorale, asintomatico. Il mondo era per l'ennesima volta crollato da sotto i miei piedi! Forrest fu il mio compagno in quella che fu l'inizio della mia vita adulta: congelai la mia vita, per curare la crescita di un'altra. Finito ciò potevo tornare indietro e riprendermi una parte di esistenza che non avevo vissuto, tutto questo lo feci sempre insieme a lui. La prima volta che andammo in un recinto di addestramento su cinghiale lo facemmo insieme. Ma è di una volta successiva che vi racconterò: è di quando consegnai ai miei, da allora, amici Francesco e Peppino il loro primo bassotto Cacao. Lo consegnai loro nel giugno del 2001 a S. Marino, sfruttando il mio spostamento in Emilia Romagna per un allenamento su cinghiale. Partii la mattina presto e mi recai presso il recinto, con me Forrest, Helga, Bignè, Bacco Tabacco e Venere ed il cucciolo da consegnare. L'allenamento andò bene, tutti e quattro i miei bassotti adulti fecero un buon turno: turni in cui c'è sempre e comunque un po' di apprensione. Il cinghiale è il re del bosco, va quindi sempre valutato per la potenziale pericolosità nei confronti del nostro ausiliare. Sono passati molti anni da quel giorno, nei quali ho visto cani feriti gravemente dal cinghiale in campi di addestramento. Avevo programmato di mostrar loro, prima di Cacao, entrambi i genitori, ed i fratelli di cucciolata precedente, l'ultimo che tirai fuori dal trasportino fu il super campionissimo cuore del mio cuore Forrest! Data la brevità dello spostamento non feci più uscire i cani per sporcare, dopo averli rimessi nei trasportini dopo la della sessione di allenamento, poco più di un'ora prima. Tirando fuori Forrest sentii quel che mi parve un molle rigonfiamento sotto la gola, all'inizio del collo. Non appena lo poggiai a terra vidi la mia mano colare sangue: panico! Guardammo da dove provenisse. il povero aveva un buco del diametro di una moneta da un euro alla base del collo, l' emorragia non era copiosa ma persisteva. Peppino cercò di rassicurarmi circa il pericolo di vita, ma si resero conto che dovevo correre da un veterinario. Consegnai al volo il cucciolo, mi scapicollai verso l'autostrada. In piena crisi emotiva chiamai Gino. Lui, a circa quattrocento chilometri di distanza, cercò di rassicurarmi, dicendomi che se fosse stato lacerato un grosso vaso sanguigno il cane si sarebbe dissanguato in pochi minuti, quindi di guidare con prudenza dandomi la sua reperibilità 24 ore su 24, come sempre del resto… Chiamai l'unica persona che conoscessi da quelle parti, che mi procurò, guidandomi dall'altro capo del telefono, una visita serale presso il suo veterinario. Arrivai nello studio con "la mia ragione di vita" in braccio (avrebbe tranquillamente potuto camminare, ma il collare avrebbe premuto sulla ferita). Il veterinario era giovane, forse più di me, capelli ricci ed orecchino, non pareva minimamente allarmato, mi domandai da chi fossi capitata. Mentre passavano interminabili momenti, in cui mi chiedeva età del cane ed altri trascurabili dettagli, il mio stato di ansia crebbe. Finalmente posai Forrest sul tavolo d'acciaio, il veterinario iniziò ad esaminare la ferita, la mia tensione era a livelli di guardia. Non ero da Gino, che anni prima, mi aveva già preso al volo mentre i sensi mi venivano meno, pronunciai testuali parole:" Non si preoccupi, anche se dovessi svenire: lei mi lasci in terra, poi mi riprenderò. Lei pensi che sul tavolo non ha solo un cane, all'interno di quella cassa toracica batte anche il mio di cuore!" Si, all'interno di quella cassa toracica il mio cuore aveva trovato un accogliente rifugio, eleggendolo a sua dimora. Forrest, il mio amatissimo Forrest, lui mi stette vicino, leccò amorevolmente le mie lacrime: lui amava solo me, sebbene non lo avesse giurato davanti ad un altare. Ero io il suo mondo: un mondo sofferente, senza pace, un mondo dilaniato dal dolore, a cui avevano strappato in mille pezzi l' anima. Non lo feci operare, era troppo avanzato lo stadio della sua malattia: non sono per l'accanimento terapeutico a fini di lucro da parte di un certo tipo di medici / veterinari. Non passarono molti mesi, sempre su quel divano Forrest alzò lo sguardo, io capii, chiamai Luca, il figlio di Gino, morì fra le mie braccia, come mia madre, fece un respiro profondo, le sue gengive divennero bianche, un pezzo di me, credo il migliore, è morto insieme a lui, seppi in quell'istante che si muore nello stesso identico modo, cani e cristiani...

ESPOSIZIONI

L'incontro con Salvo Tripoli

La fine dei venti giorni di ospedalizzazione di mio marito (ma non tutto l'iter che lo portò solo diversi anni dopo alla "guarigione"), finalmente arrivò. Decisi di iscrivere un po' di bassotti all'Expo di Savona per riprendere i contatti con quella vita, quella che continua nonostante il nostro male di vivere . Andai in Esposizione per astrarmi dalle brodaglie di cui ci nutrivamo, mio marito ed io (sino a che si saldarono le sue fratture). Nonostante la mia dedizione nel seguire le sue cure, la distanza fra le nostre vite continuava ad aumentare, iscrissi sei bassotti a pelo duro, di cui cinque standard ed una nana. All'epoca l'Expo si svolgeva all'esterno della Fortezza del Priamar, nei giardini sottostanti e confinanti con la Passeggiata a mare. Arrivai presto e montai tutto il necessario: gazebo, sedia, tavolino da toelettatura... Sistemai quindi le gabbie con i cani. Rispetto alla mia abitudine alle esposizioni cinofile, quella volta mi sembrò irreale, contrapposta alla realtà che vivevo, da circa quaranta giorni. Incontrai tanti amici cinofili, per la quasi totalità ignari di quel che era accaduto alla mia vita: la consapevolezza di vivere una vita che non era la mia ma, alla vita che mi ero imposta di vivere, per senso di responsabilità verso l'uomo che avevo sposato... Come avrei potuto lasciarlo in pasto ai suoi familiari? Sua madre venne a casa nostra la sera prima, e ben sapendo che Fabio poteva alimentarsi unicamente attraverso l'aspirazione da una cannuccia, portò al figlio due cose, che sapeva piacessero molto al figlio : panna montata e crema pasticcera... Peccato che ne l'una ne l'altra potessero essere aspirate da una cannuccia! Mi trattenni, ma l'istinto fu quello di darle una martellata sulla testa per scoprire cosa vi fosse contenuto all'interno! Il giudice per le nove razze bassotto tedesco quel giorno fu Salvatore Tripoli. Non avevo mai avuto modo di vederlo giudicare, tantomeno lo avevo mai visto in faccia. Iniziarono puntualmente i giudizi, mi ero sistemata col gazebo vicino all'ingresso del ring, per meglio poter seguire i giudizi precedenti ai miei. Il clima era gradevole, eravamo a metà settembre, soleggiato ma non eccessivamente caldo, il bello del clima ligure… I miei cani inaspettatamente si presentarono assai bene, poiché vi erano dei piccioni che gironzolavano nell'aiuola che confinava col ring, e loro essendone assai interessati sfilavano baldanzosi, ed al momento di piazzarli mi bastò lasciarglieli guardare. Mi accorsi subito di una somiglianza nella terminologia usata per il giudizio di Cico Mendes di Eman, (frutto della mia seconda cucciolata di bassotti) con quella usata da mio padre, una terminologia usata dai vecchi cinofili, una terminologia con vocaboli meno da terminologia medica, una terminologia più figurativa. Fu "avan-petto" che fece scattare una serie di ricordi legati alla mia infanzia ed adolescenza. In casa mia all'epoca avevamo una quarantina di cani, i cani dei miei genitori, la passione di mio padre che divenne anche di mia madre. Quante sessioni di addestramento, quante esposizioni, quante prove di lavoro con quei pastori tedeschi. La mia mente volò lontano nei miei ricordi, mi sembrò di sentir pronunciare quelle due parole dalla voce di mio padre… Vinsi con tutti i cani non credo per una netta superiorità morfologica, ma per il temperamento e per i piccioni !

Sistemai i cani nelle loro rispettive gabbie, aspettai la conclusione dei giudizi, ritirai i libretti delle qualifiche e mi recai presso il Ring d'Onore, valutando dove successivamente con armi e bagagli mi sarei potuta sistemare per presentare cani ai Raggruppamenti. Durante quel breve tragitto incontrai non meno di una ventina di conoscenti: saluti di rito, frasi di rito, tutto da cliché... Il mio sguardo incontrò quello di Salvatore Tripoli ed istintivamente ci si salutò. Non è mio costume salutare per poi fermarmi a parlare con un giudice che poco prima ha giudicato i miei cani, tranne ci sia una conoscenza antecedente, però mi sembrava una persona familiare. Dopo esserci presentati formalmente, scoprimmo una conoscenza avvenuta diversi decenni prima, tra lui e la mia "*familia*". Io ero sinceramente turbata, ma non in maniera negativa, forse non so, qualcosa, nonostante le lampade abbronzanti, parrucchiere ed un abbigliamento curato fece trasparire il mio malessere interiore: Salvo mi guardò dritto negli occhi e mi disse " Vedo che hai sofferto molto ..." Ancora oggi mi commuovo ogni qualvolta lo ricordi. Ma come diamine è possibile che del nostro malessere si accorgano solo i nostri cani, o persone che nulla sanno di noi, tranne l'esser accomunati dall'amore verso i cani, e le persone che ci dovrebbero essere vicine non lo avvertano? Salvo Tripoli anni prima di Face Book mi fece ritrovare mia cugina Desireé: lo ringrazio di questo dal più profondo, da quella parte di me che lui è riuscito a vedere, ed a leggere.

RECORD

La morte di mia madre fu il crollo del mio mondo, l'inizio del trovarmi in balia del mio malessere. Oggi mi rendo conto di come sia stata usata, sia stata derubata. Sì, nessuno si fece scrupoli: se erano soldi, se era un autista, se era un' invito si chiedeva alla Nina. Gli unici che non mi chiesero mai nulla furono e sono i miei cani, stavo bene solo in loro compagnia. Non che disdegnassi la compagnia di mio figlio, ma lui doveva vivere la sua vita, l' ho sempre sostenuto, anche in ciò che non approvavo, ma i genitori servono a questo, ed io feci tutto ciò che era nelle mie possibilità. Non mi confidai, né appoggiai mai a lui: non avrebbe retto. Nessuno regge me, nessuno lo ha mai reputato necessario, "tanto la Nina ce la fa"… io non ce la facevo. Lo vedo negli occhi delle persone il turbamento: il mio è invisibile, intollerabile, scomodo. Avevo acquistato la casa in Slovenia, avevo pagato i capi, cosa ci stavo a fare in quella casa? Partii alla fine di maggio: preparai tutti gli indumenti lavati e stirati, pietanze pronte nel surgelatore, lasciai a casa un paio di cani, e partii. Quando arrivai, con i miei cani, in quella casa incantata, ritrovai un poco di serenità. Non essendo mai stata accanita sulla caccia, passavo buona parte della giornate facendo lunghe passeggiate coi cani. Piantavo fiori, davo pitture, uscivo a caccia solo la sera: non avevo voglia di levatacce, cercavo l'equilibrio, lo cercavo nell'unico posto in cui si potesse trovare, all'interno di noi stessi, immersi nella natura incontaminata. Godevo dell'appostamento, del profumo dei campi, dei tramonti vermigli, del silenzio, della solitudine. Passai così una quarantina di giorni.

Maturai una decisione, che tanto per cambiare si rivelò sbagliata… In quello che fu, per me, un breve stato di grazia, convinsi mio figlio e mio marito a venire lì, per quella che probabilmente (oggi certezza) sarebbe stata l'ultima vacanza tutti insieme. L'est Europa è tutto termale, quindi mio marito ed io avremmo anche potuto fare dei trattamenti di cui avevamo bisogno. Ripensandoci oggi fu un po' come l'indovinello sul come fare a trasportare capra lupo e cavolo al di là del fiume, perché tornai indietro con tutti i cani, la roba da lavare, passai le seguenti quarantott' ore a preparare tutto per la partenza dell'intera *familia*. Più che una partenza sembrò l'allestimento dell'arca di Noè: attaccai il carrello alla mia Kangoo, vi caricai persino le bici, oltre a mangime per i cani, valigie, canne da pesca… Insomma tutto ciò che ci sarebbe potuto servire per una vacanza di due settimane, per cani e per cristiani… Sulla vettura una decina di bassotti adulti e... due cuccioli di circa dieci giorni, partimmo come al solito la notte: guidai poco, la maggior parte del tempo guidò mio figlio. Ricordo perfettamente quando al gabbiotto della frontiera porsi il malloppo di passaporti dei bassotti: la doganiera strabuzzò gli occhi, mi chiese dove fossero i cani e alla mia risposta "tutti nelle gabbie in macchina", lei mi sorrise, augurandoci di passare delle buone vacanze. Arrivammo nella casa che io avevo lasciato meno di settantadue ore prima. Mio figlio andò a dormire, mio marito ed io sistemammo i cani e scaricammo macchina e carrello. Dopo di ché Fabio ed io andammo alle terme, alle lussuosissime terme di Moravske Toplice. Fabio necessitava di trattamenti per riabilitarsi da un piccolo infortunio, procuratosi in uno dei suoi lunedì calcistici, io con la schiena che mi ritrovo ho costantemente necessità di fanghi. Al bureau ne prenotai quindi un ciclo completo: dodici trattamenti giornalieri. Pagai, ero certa che anche mio marito avesse fatto lo stesso… Mio marito non aveva fatto "lo stesso", si limitò a prenotare un trattamento per il giorno successivo, e fu l'unico che fece. Mentre percorrevamo la strada verso casa, dopo esserci recarti alle terme, iniziò a piovere… Il paesaggio della Slovenia è rigoglioso, con delle tonalità di verde acceso anche in piena estate: i miei occhi erano rapiti dalla vegetazione lussureggiante. Desideravo un'ultima vacanza tutti insieme, in un luogo incantevole, immersi nella natura, con unica meta lo stare insieme andando in bicicletta, a passeggiare coi cani, alle terme, a pesca... Andammo a dormire presto, resistemmo per non scombussolarci troppo, sapevo bene che i fanghi mi avrebbero stancato molto, quindi era meglio farli non troppo affaticata dai milleottocento chilometri fatti in meno di settantadue ore e due notti di sonno saltate. Eugenio continuò a dormire. Il mattino seguente, mio marito ed io ci alzammo con calma, il tempo era molto nuvoloso, intervallato da forti scrosci di pioggia. Sistemammo i cani ed andammo a fare i nostri trattamenti termali. Fu allora, al nostro incontro nella Hall delle terme, che appresi, da mio marito, che non aveva alcuna intenzione di proseguire il trattamento: io ne avevo prenotato e pagato altri undici quindi avrei dovuto farli da sola e comunque sarei stata l'unica. All'uscita dalle terme ci accorgemmo che la pioggia aveva raggiunto un'intensità ragguardevole. Decidemmo di andare a mangiare. Il ristorante in cui andammo distava solo una manciata di chilometri sia dalle terme , sia da casa. Non fu facile raggiungerlo. La pioggia aveva raggiunto un'intensità impressionante. Mio figlio non rispose al telefono. Non appena venimmo serviti ci accorgemmo che non si vedeva più nulla all'esterno delle vetrate, nulla riusciva a passare attraverso quella quantità di acqua, acqua proveniente dal cielo sopra le nostre teste. Mio figlio continuò a non rispondere alle decine di telefonate che gli feci: c'erano dei cani in giardino, e poi a quel punto non avevo idea di cosa stesse accadendo all'esterno del ristorante. Passai un paio d'ore di panico, poi d'accordo con Fabio tentammo di raggiungere casa. Ci riuscimmo: sebbene la strada asfaltata fosse divenuta un torrente, i chilometri di pianeggiante carraia non sembravano aver accusato le copiose piogge. Fortunatamente gli enormi pini che formavano un ordinato boschetto, sul lato sinistro della casa, avevano fatto si che il terreno sottostante fosse praticamente asciutto, come i cani che ci attendevano in giardino scodinzolando. La casa aveva retto all'alluvione, ma mio figlio? Mio figlio dormiva beatamente: in quell'occasione fece il suo record personale di ore di sonno, ventotto consecutive credo. Mi accorsi subito del fallimento di quella vacanza, mi sembrò di trovarmi in quella réclame di "Carosello" quella degli "incontentabili"! Fabio, sebbene appassionato di camminate e pedalate, non volle fare nulla di ciò; mio figlio sembrava in letargo: dormiva di giorno e solitamente stava sveglio la notte. Mi sembrò di averli letteralmente appesi alla gonna, non me ne capacitai. In quelle lunghe e faticosissime giornate, i fanghi sono una botta per l'organismo, provocano una forte stanchezza. Cercai di fare tutto nonostante le cure termali, li portai in giro per la Slovenia, visitammo rinomate cantine e castelli, ma alla sera continuai a fare le uscite a caccia: era l'unico momento per me, l'unico momento in cui tutto andava bene, rasserenante, rilassante. Godetti di quei tramonti come mai fatto sino ad allora. Dovete sapere che le forti precipitazioni del giorno successivo al nostro arrivo fecero straripare il Mura, era quasi un secolo che non si vedeva una alluvione come quella riservata alla nostra vacanza. Una sera invitai mio marito "all'aspetto al cervo". Braccavamo i branchi, che si muovevano nei paraggi di casa mia (per chi non fosse mai andato a caccia vorrei sottolineare l'importanza del silenzio, dell'assoluto silenzio). Darko arrivò a prenderci intorno alle diciassette e trenta: mio marito ed io eravamo pronti per l'uscita (o così credetti). Andammo in un'altana assai spaziosa, con un'ampia veduta. Salimmo, ci sistemammo ed iniziammo l'attesa. Era un'altana a poche centinaia di metri da casa, si ergeva ancorata ad un imponente pino. Era addirittura coperta, aveva una vista estremamente aperta sulla sua destra, posta al limite di un coltivo: attorno mais tagliati, mais in piedi e zucche. Come al solito la contemplazione della natura mi inondò di serenità: era la mia "ora d'aria", quella che trascorrevo senza malcontenti, senza incombenze ed ingerenze... Il sole calò lentamente, inesorabilmente, arrivò il tramonto, rosso come il fuoco: era quello il momento, da un momento all'altro i cervi avrebbero potuto muoversi. I caprioli erano già dinnanzi a noi, si mossero nervosamente, che si stessero avvicinando i cervi? Nel sistemarci sulla panca sull'altana mio marito prese posto all'estremità opposta rispetto a me, e fu in quei delicati momenti che piegò la caviglia all'interno dello scarpone: il ciò produsse un rumore incredibilmente forte, in quel silenzio assoluto. Non contento lo fece ripetutamente. Mi voltai verso di lui, i miei occhi lo fulminarono: in quel momento, per me, divenne lui il capo da abbattere! Un istante dopo un bramito molto vicino a noi, un maestoso cervo al galoppando tagliò il campo dinnanzi a noi. Un'azione di caccia rovinata, la delusione per un comportamento tanto sbagliato da sembrare fatto di proposito: la rabbia stava per prendere il comando delle mie azioni quando… Quando un silenzioso rapace notturno mi volò letteralmente sulla testa, per posarvisi un attimo e riprendere il suo volo, nell'assoluto silenzio, senza produrre alcun rumore. Dapprima lo spavento, dopo la meraviglia, la rabbia dovette cedere il passo alla serenità. I giorni seguenti furono uno la fotocopia dell'altro: unica differenza mio figlio andava a pescare nel lago vicino casa. Ricordo la vaga invidia per la tranquillità di cui poté godere mio figlio in riva al lago. Fu grazie al miraggio della mia "ora d'aria" quotidiana col silenzioso Darko, in cui godere appieno della meraviglia del creato, che riuscii a sopportare il dover scorrazzare " l'incontentabile marito " provata dai fanghi quotidiani. Sopportai giorno dopo giorno quell'espressione annoiata sul suo volto: stavo raggiungendo, non senza motivazioni oggettive, il limite dell'umana sopportazione… Fu mentre mi rilassavo in un'uscita serale, che mi venne in mente di portare figlio e marito, il giorno successivo, a far shopping a Lenti, in Ungheria, ad una quarantina di minuti da casa. Decisi che li avrei portati a pranzo da Ubertus: c'ero già stata in compagnia del Dott. "T", era stata una bella gita, una gita allegra ed un ottimo ristorante. A Lenti facemmo un primo giro nel mercato settimanale, un mercato povero, in cui però comprammo qualcosa, (non ricordo cosa, ma ricordo il gesto di pagare). Poi ci recammo presso l'armeria. Mio figlio prese qualcosa per la pesca ed io comprai a mio marito diversi pantaloni ed anche una magnifica camicia di lino grezzo, con ricamate delle foglie di quercia e con bottoni di corno, un capo elegantissimo e straordinariamente bello (che indossò anche per la nostra udienza di separazione). Supponevo, supponevo, supponevo (come al solito sbagliando), che si trattasse di una bella gita anche per loro. Andammo da Ubertus, ci sedemmo all'esterno. Sebbene fosse già primo pomeriggio, il ristorante era pieno di persone che mangiavano; il proprietario ci portò i menù. A differenza di Fabio, trovandomi fra le mani un menù "in una lingua, di cui non ho padronanza" ordino il pasto senza indugio. Ci trovavamo in un grande e famoso ristorante, gremito di persone, che stavano mangiando quelle stesse pietanze, a me non sembrò un problema ordinare "a scatola chiusa" o quasi. Mio marito continuò a guardare le pagine scuotendo il capo e volendo una traduzione letterale da me. Mio figlio, sebbene all'epoca fosse stato in gran parte d'Europa, prese a lamentarsi che il menù non era in inglese. Non riuscii più a trattenere le lacrime, dissi loro che al rientro iniziassero a preparare le valigie, all'indomani saremmo rientrati in Italia. L'ultima uscita al cervo al bramito, l'ultima ora d'aria, indossavo una camicia di cotone a scacchi, ed una giacchina di pile, quella con il volo di anatre. Non so se Darko si accorse del mio turbamento, ma non accennò a nulla. Ci recammo in un'altana a poche decine di metri da quella in cui portammo anche Fabio. Non era situata d'angolo rispetto alla parcella boschiva, ma a metà di essa. Era molto alta, scoperta, ma offriva un panorama mozzafiato: dinnanzi a noi un susseguirsi di incolti, mais tagliati, zucche, e poi ancora arato per cedere il passo a mais in piedi, piccole parcelle boschive, ed il silenzio, nessuno tirava la mia gonna con assurde richieste. Come mi sedetti mi resi conto della brezza, iniziai a sentire freddo: non devo raffreddarmi, una mia quinta broncopolmonite necessiterebbe di una lunga degenza. Immaginai una degenza ospedaliera come degna conclusione di quella vacanza. Quel pensiero fu interrotto da Darko che mi offrì una sigaretta: la accettai. Il vento mi soffiava sul volto portando il fumo all'interno del bosco alle nostre spalle. Ero conscia che non si sarebbe dovuto fare, avremmo allontanato il branco, ma a quel punto non mi importava di nulla. Iniziai ad immaginare i mais in piedi come a legioni in file serrate, lo dissi a Darko, assentì con la testa. A quel punto un bramito lungo e profondo irruppe con inaudita forza nel silenzio, le vibrazioni pervasero la mia cassa toracica: il branco era alle nostre spalle. La pelle mi si increspò, questa volta non per il freddo, ma per l'emozione, letteralmente da sotto i nostri piedi uscì con fare circospetto la femmina dominante: si accertò che non vi fosse pericolo ed iniziò il suo incedere regale seguita da altri sette tra femmine e piccoli. Nell'incolto dinnanzi a noi si era formata una pozzanghera di dimensioni ragguardevoli, circa duecento metri quadri. I piccoli cervi iniziarono a giocare ad una ventina di metri da noi, giocavano come i bambini quando si schizzano, con ai piedi gli stivali di gomma, l'acqua delle pozzanghere. Le nostre bocche si spalancarono dallo stupore, dall'emozione. Dissi a Darko che continuava a ripetere "io mai visto, mai visto", che a quel punto era come se avessi fatto il più bel trofeo della storia, perché sapevo che un simile spettacolo difficilmente si può vedere in una vita intera. Godemmo dello spettacolo come unici spettatori, per oltre venti minuti, poi, tranquillamente come erano, arrivati iniziarono a trotterellare per scomparire nel folto del bosco duecentocinquanta metri più avanti. Il bramito risuonò attraverso la mia cassa toracica, un brivido lungo tutta la mia colonna vertebrale, era a pochi metri dalle mie spalle. Un giovane maschio si lanciò all'inseguimento del gruppo femminile. Darko mi passò la carabina, mi sussurrò "maschio belo ora esce, era lui che bramiva, questo piccolo per quel bramito". Non sbagliò, il maschio "belo" inseguì il giovane maschio che attentava al suo "harem". A centottanta metri da noi si immobilizzò, inquadrai, tolsi lo stecher, sfiorai. Il maschio "belo" restò immobile come una statua. Con un gesto di stizza passai la carabina a Darko alla mia destra, lui ricaricò dicendomi " spara lui non va via". Come intravidi la sagoma nell'ottica, tirai lo stecher, partì la botta: Darko aveva tirato lo stecher, ed il proiettile era partito non appena il mio indice incontrò il grilletto. Fu un secondo gesto di stizza quello col quale ridiedi la carabina a Darko, convinta di aver sbagliato il tiro e dell'impossibilità che il cervo restasse li immobile ed invece no: il cervo era li, si stagliava in quel mais tagliato. Prima di passarmi nuovamente la carabina Darko si premurò di dirmi "già tirato stecher" seguito da uno "spara lui non va via": inquadrai, mirai, sfiorai, il maestoso esemplare crollo a terra. Avevo abbattuto il mio primo cervo. Anche in quell'occasione non provai la sensazione di aver fatto qualcosa di bello. Comunque la prima telefonata la feci dall'altana al Dott. "T": era emozionato come se il capo lo avesse fatto lui. Sentii che era fiero di me, quella fu l'emozione: la stessa, iniziò a pervadermi. Passarono i minuti canonici prima della nostra discesa dall'altana, fumammo una sigaretta, mentre Darko mi diceva che lo avevo colpito al primo tiro, ma il ricordo non era per il maschio "belo" bensì per il branco, per lo spettacolo offertoci dai piccoli, dai loro giochi, imparai che uomini ed animali oltre a morire, giocano anche nell'identico modo. Man mano che ci avvicinammo la sagoma del cervo "belo" divenne sempre più grande. Era un cervo dalle dimensioni ragguardevoli mi disse Darko: io non avevo termini di paragone. Notai subito il nastro di nylon a bande bianche e rosse, cantieristico, ad adornargli il palco. Scoprii solamente anni dopo essere abitudine dei cervi maschi nel momento dell'amore, atta a far apparire il palco più grande, per scoraggiare gli altri maschi a duellare nell'arena dei combattimenti. Mentre io telefonavo nell'ordine al Dott. "T", a Giuliano il mio maestro, a mio fratello maggiore ed a mio marito, Darko telefonò a Stefan, il padre, accompagnatore storico della riserva, il quale dispose per l'arrivo di un uomo col trattore, per portare le spoglie del cervo sino alla carraia. Io sino a quella sera, quando arrivò l'omino col trattore per trainare il cervo, non avevo idea che un essere umano, in vita, potesse emanare un simile cattivo odore, l'omino maleodorante iniziò a parlarmi concitatamente, ed ahimè, gesticolando! Non capii praticamente nulla di ciò che mi disse, ma compresi che non si lavava da ere ! Il maestoso palco del cervo venne agganciato a forti catene e tirato sino alla carraia dove ci attendevano Stefan con altri due aiutanti. Il carrello del fuoristrada sembrò sottodimensionato paragonandolo alla dimensione del cervo, i cinque uomini aiutati dall'argano fecero comunque fatica ad issarlo sul carrello. Invitai tutti a casa mia per offrir loro da bere. Il gruppo era elettrizzato per il primo cervo abbattuto in quella stagione: un bellissimo esemplare abbattuto dalla donna cacciatrice, quella pazza che sta mesi in quella isolatissima ex casa di caccia, quella dei bassotti, l'italiana… Arrivati nel giardino di casa mio marito ci venne incontro con la mia macchina fotografica, quello fu il momento in cui ebbe la miglior uscita di vent'anni passati insieme dicendomi : "poggia la mano sul palco, così si potrà dedurre la dimensione del trofeo", sì in quell'occasione mi stupì. Passarono solo una manciata di minuti, quelli in cui tirammo il collo ad un paio di bottiglie, la combriccola se ne andò insieme alle spoglie del cervo, mio maritò serio mi domandò :" ma poi cosa te ne fai di tutti questi caprioli e cervi ?" non gli risposi, non c'era verso, due universi differenti. Abbattei il capo giusto, fu il mio primo cervo, passammo con Darko gli ultimi dieci giorni a cercarne le tracce, sulla terra, sulle piante, udimmo i bramiti, sebbene fossi una donna emersa per proprie doti, sono sempre stata considerata io un trofeo da esibire, mai presa sul serio, mai realmente ascoltata... La mattina seguente andai alla casa di caccia, sede della direzione della riserva, appresi di aver fatto un record, non per il trofeo, che si rivelò una medaglia di bronzo al limite con l'argento, bensì per le dimensioni poiché la riserva vendette 201 kg. di carne ! Il cervo più grande che sia mai stato abbattuto in quella riserva. Ora debbo svelare cosa successe, col primo colpo, colpii l'animale in un punto vitale, il fegato, il cervo era morto in piedi, col secondo chissà e col terzo colpii il cuore. Traendo le conclusioni, in quelle due settimane i record furono diversi, quello di ore di sonno consecutive di mio figlio, quella del mio primo cervo al bramito, e quella della abissale distanza tra me ed il mio secondo marito, ed a questo punto il bilancio sarebbe negativo, ma oggi, 12 ottobre 2012 nei record positivi c'è il tempo che potei passare con mio figlio, e lo spettacolo offertomi dagli otto cervi che giocarono sotto i miei piedi per tutto quel tempo. Di una cosa si può essere certi, la vita ci offre nuove angolazioni ogni giorno, sta a noi cercare quelle positive, io ho deciso di cercare la serenità, lei mi viene incontro sorridendo.

AGO

Parlai con un caro amico (allora ignaro che il destino, anni dopo lo avrebbe fatto divenire il custode delle mie armi), mi consigliai con lui sul dove poter andare a caccia coi miei bassotti, più che altro dove poterli portare a divertirsi. L'amico mi consigliò la "Zona Alpi di Savona". Conoscevo già alcuni membri della squadra, in particolare Rino, che fu un prezioso collaboratore-accompagnatore nelle prove di traccia di sangue che organizzai in Liguria, a partire da meno di un mese dopo la morte di mia madre. Avevo la licenza di caccia, avevo i cani preparati per affrontare una stagione di caccia in montagna, dovevo solo riuscire a far sì che per il resto della squadra fossi "uno" di loro, non la donna. Rino è una persona seria e responsabile nella vita, come nella caccia, un cosiddetto "canaio": va coi cani. Io sarei andata coi miei: non conoscevo la zona, non conoscevo le denominazioni che vengono date a questo o quel luogo, dovevo umilmente unirmi a loro, e sperare... Il territorio assai suggestivo, un anfiteatro naturale che si erge sino ad oltre milleseicento metri di altitudine, il tutto vista-mare. Terreni eterogenei con una varietà di vegetazione che spazia da una macchia fitta di pitosforo e brugo, noccioleti e castagneti, algide betulle, per arrivare a rododendri, intervallati da prati con bestiame al pascolo. Tecci diroccati danno l'idea del tempo trascorso dal loro abbandono, solo i "Casorai" i pastori abitano ancora quelle montagne tutto l'anno, col loro bestiame. Quelle montagne un tempo erano abitate. La mano dell'uomo le dissodò, creò i terrazzamenti per poter coltivare il necessario per il sostentamento.

Vennero piantati dapprima i castagni ed in seguito i noccioli. L'abbandono aveva fatto sì che si allargassero le macchie di rovo, che i frutti non venissero più raccolti; un territorio aspro, per questo poco confortevole per i " cristiani", che preferirono trasferirsi in città. L'abbandono da parte degli umani fu una fortuna, non venne rovinato con cementificazioni e speculazioni. Quell'angolo di paradiso poté rimanere tale. Come unici aiutanti i miei bassotti, in quel contesto avrei dovuto controllare le mie emozioni e dimostrare le mie capacità personali… Avevo già fatto un centinaio di recuperi sparsi per l'Europa. Preparato parecchi cani per il recupero degli ungulati feriti, il lavoro più nobile che un cane da caccia possa svolgere: porre fine alle sofferenze di capi feriti, evitare che vadano a morire in una pozza d'acqua divenendo fonde di avvelenamento della stessa. Sì col cane da traccia si deve entrare in contatto empatico. Bisogna conoscere il proprio cane, il suo comportamento ci indicherà la strada. Un'unità cinofila si compone sempre di cane e conduttore, e di questo ero forte, nel senso che potevo dire la mia, ma sul cinghiale la mia esperienza diretta era assai scarsa, se non in battute organizzate ad ok in Riserva. Rino mi mise subito a mio agio dicendomi che le prime giornate erano faticose, ma col passare delle uscite i nostri muscoli sarebbero entrati in allenamento, e sarebbe divenuto puro divertimento. Così accadde, in meno di un mese la duplice uscita settimanale (minimo 6n ore di marcia in montagna)! Le albe, le meravigliose albe nel silenzio, silenziosa spettatrice del risveglio della vita, la sensazione di pace interiore, la serenità: era questo l'inizio di ogni giornata di caccia. Portavo con me solitamente due cani: uno "corto" che cacciasse ad una cinquantina di metri da noi, un cane con cui poter recuperare gli eventuali cinghiali feriti, ed uno più "lungo", che in caso di mancato abbattimento fosse in grado di forzarlo sino a portarlo alle poste. Misi anche ai miei bassotti il campanello da cani da cinghiale. Dovetti metterglielo data la presenza di lepri: non volevo rischiare che venissero scambiati per una di esse! Le prime uscite, non essendoci abituati restavano un poco interdetti, poi capirono che il campanello era sinonimo di giornate di divertimento. I cani si integrarono bene ed io pure. Imparai ad apprezzare il lato migliore di ognuno dei componenti della squadra: una persona come me, a cui la vita aveva strappato precocemente le radici trovò negli anziani, nei loro racconti, nelle loro esperienze, una dolce musica per la sua anima tormentata. Con i più giovani la situazione fu sempre goliardica, la mia abitudine ad un mondo maschile fece sì che venissi trattata da uomo, senza favoritismi… Ed ovviamente di cosa si parla fra "uomini" ?Donne ed armi, visto il contesto venatorio, ed in questo sono nel mio. E non mi riferisco alle armi ma ad i racconti di esperienze inerenti alla sfera sessuale... Ognuno raccontava le sue e tutti giù a ridere spensierati.. Finita la giornata di caccia ci si ritrovava tutti nella sede. Io non potendo aiutare a portare i capi sino ai fuoristrada, prendevo in spalla le armi dei compagni, i loro cani al guinzaglio; i miei non avevano bisogno di guinzagli: mi bastavano uno sguardo, od al massimo un fischio. Credo che buona parte dell'ottima integrazione derivò dal fatto ch'io andassi a cercare i cani che non rientravano, indistintamente cani bravi e cani non bravi, ma pur sempre cani! Passai ore ed ore di notte, coi miei cani sul sedile, a chiamare per poi tendere l'orecchio alla ricerca di questo o quel cane, talvolta da sola , talvolta con Rino. Quelle ore con lui a cercare cani erano veramente gradevoli: si parlava prevalentemente dei rispettivi figli, io un maschio, lui una femmina; la distanza fra me e mio marito divenne un baratro, anzi, un orrido incolmabile… La sera si mangiava tutti insieme, era bellissimo: scherzi più o meno pesanti indiscriminatamente a giovani e non giovani, sembrava una gita scolastica. Finita la cena solitamente ci recavamo in un circolo, dove chi aveva abbattuto il cinghiale doveva pagare da bere. Io non dovetti mai pagare, non in quanto donna, ma in quanto io non abbattei neanche un cinghiale. Ne recuperai un paio con i miei cani, e ne abbatterono alcuni cacciati dai miei cani. Io ero felice così: guardavo il mondo dall'alto, godevo della bellezza del creato, godevo del lavoro dei miei cani; ero allenata quindi il mio fisico ne traeva un beneficio. Man mano che si andò avanti nella stagione imparai come orientarmi, e quindi i bassotti ed io cominciammo a staccarci da Rino ed i suoi segugi: è di una di queste volte che desidero raccontarvi. Arrivò l'ultima giornata di caccia della stagione, il clima avverso mi fece decidere di portare con me unicamente un cane, Ago. Diversi anni orsono portai un cucciolone di vandeano agli amici Abruzzesi, ci incontrammo come di consueto a San Marino. Francesco venne con dei suoi amici, portò con se un cucciolo di bassotto il suo nome : Ago. Decisi in un nanosecondo che quel cucciolo sarebbe divenuto il mio: così fu. Tenni Ago, che divenne un eccellente cane da caccia, oltre ad un bellissimo bassotto standard a pelo duro. Un cane assai tranquillo, apprendeva ogni cosa con un'estrema facilità e rapidità: si trattava di uno di quei cani che nascono di rado, che leggono perfettamente in noi, nei nostri desideri, nel nostro stato d'animo, un soggetto eccezionalmente dotato! Eccelleva in ogni disciplina venatoria, dal recupero, alla lepre, passando per la tracciatura e lo scovo del cinghiale! Un cane che non forza gli animali: fa da pendolo, torna a cercarti per accompagnarti. Un famoso giudice, troppo grasso per questo tipo di caccia, giudicò il venirmi a cercare, dopo cinque minuti di abbaio a fermo, "abbandono del selvatico". Dissi lui che il cane era solito andare a caccia e non a "pettinare le bambole" in recinti per le abilitazioni: se col suo consenso avessi potuto fare non più di cinque passi, rimandando il cane a segnalarmi dove si trovasse il cinghiale, avrebbe potuto vedere il suo ottimo lavoro. Così fu. Dopo il quarto d'ora canonico di valutazione del lavoro del soggetto, mi disse di recuperare il cane, facendo segno ad un allora aspirante giudice di aiutarmi a prendere il cane. Arrivati a pochi metri da Ago e cinghiale dissi lui di fermarsi, che "su i miei cani al fermo vado solo io". L'aspirante si fermò; mi infilai un paio di dita in bocca, emisi un acutissimo sibilo, il mio fischio, quello che conoscono i miei cani, e Ago smise di abbaiare per raggiungere il fianco del mio piede: così senza guinzaglio e senza indugio uscimmo dal recinto. Fu in quel modo che Ago entrò nella mia vita ma, è di un'altra giornata che passai in sua compagnia che voglio raccontarvi… Quella mattina faceva freddo davvero: il vento gelido, misto alla pioggia, sferzava i nostri volti. Tempo da lupi, gli unici che non lo accusavano erano i nostri cani. Il mio Ago era bello arzillo; i postaioli erano partiti ore prima, attendevano in cresta dove non v'era modo di difendersi da vento e neve. Parcheggiammo i fuoristrada e ci bardammo per non bagnarci troppo: la marcia in montagna scalda e non è necessario un abbigliamento molto pesante, se no si suderebbe ed al primo soffio di vento ci si congelerebbe. Era la metà di gennaio, avevo imparato molte cose (tra cui il non portarmi più lo zaino), avevo acquistato un gilet fluo (come previsto dalla legge) super tecnico per l'attività venatoria con una capiente tasca posizionata sulla schiena. Partimmo a mezza costa. Il nostro incedere era più lento del solito, il vento rendeva il suono dei campanelli dei segugi pressoché inudibile. Col passare delle ore il tempo peggiorò notevolmente, i cacciatori alle poste iniziarono a manifestare l'intenzione di abbandonare ed iniziare la discesa. In quell'occasione, che fu la quinta di tutta la stagione, Rino ed io ci dividemmo. I suoi segugi erano arrivati alle Rocche forzando i cinghiali, bisognava correre lassù, in quella che era divenuta una bufera di neve: era il mio momento, quello in cui avrei potuto provare a me stessa di essere in grado, nonostante la tormenta, di ultimare il giro prefissato, soli Ago ed io. Quel pezzo di paradiso era a nostra totale disposizione, lepri, caprioli, camosci e cinghiali popolavano quel bosco divenuto incantato. La neve cominciava a fermarsi, il freddo era intenso: in quella situazione estrema avevamo la possibilità di dimostrare a noi stessi quanto valessimo, quanto la nostra volontà di imparare ci avesse insegnato, quanto la nostra mente potesse controllare corpo e paure. Era la "prova" delle prove. Quelle giornate di caccia mi assorbivano al punto tale da farmi dimenticare il male che albergava nel mio spirito, quel dolore sordo, costante, che dilaniava la mia esistenza, la mia inquietudine, la consapevolezza che la vita che vivevo non era ciò a cui aspiravo… Avevo imparato come riconoscere i sentieri e le macchie in cui poteva essere il re del bosco. Ci incamminammo: l'incedere in contropendenza era ancor più faticoso in quanto reso scivoloso dalla neve. Ago camminava una decina di metri avanti a me. Ad un certo punto uscì dal sentiero, diede un lieve colpo di voce: lo seguii. Iniziò ad inerpicarsi in un viottolo da cinghiali nascosto all'occhio umano dalla fitta crescita di arbusti ad altezza del mio volto: dovetti procedere quasi a carponi. Il viottolo iniziò ad inerpicarsi fra le rocce. Ago si fermava ad aspettare ch'io lo raggiungessi, se non mi vedeva tornava indietro a controllarmi. Il percorso iniziò ad essere veramente impegnativo, dovevo procedere in arrampicata: non volevo desistere, volevo provare a me stessa che potevo farcela da sola, col solo aiuto di Ago. Mi trovai a passare sopra ad un rittano (torrentello che scorre fra pareti rocciose guadabile in punti obbligati). Guardai verso il basso: era impressionante l'altezza, non mi era più possibile tornare sui miei passi. Misi in pratica tutta l'esperienza acquisita molti anni prima nell'arrampicata sportiva. Dovetti aggrapparmi saldamente per non cadere e sperare che la forza delle sole gambe mi consentisse di riuscire a superare quel passaggio così difficile. Come il mio sguardo oltrepassò la roccia che delimitava quel tratto di arrampicata, sentii un colpo di voce di Ago. I miei occhi si incrociarono con quelli di un solengo, un istante di adrenalina per entrambi: ero impossibilitata a sparare. Come emersi feci scorrere l'otturatore: il proiettile era in canna. Tolta la sicura, sarebbe stato un attimo e poi camera di scoppio. Non ci fu abbastanza tempo: il re del bosco sbruffò ed al passo, in un istante, scomparve nella vegetazione. Ce l'avevo fatta ero riuscita a percorre una così dura prova, ne ero felice: non era importante abbattere il solengo, ma riuscire ad avvicinarmi così tanto a lui. Scarrellai, estrassi il colpo, lo rimisi nel caricatore, ripresi a seguire Ago in un terreno assai più facile di prima. La neve intanto continuava a scendere sempre più fitta, per me la giornata di caccia era già stata assai proficua. Ago continuò trotterellando, anch'io riuscivo a muovermi meglio: la vegetazione era più rada, i larici acidificando il terreno avevano fatto quasi piazza pulita delle altre specie vegetali; solo le monumentali rocche resistevano a qualsiasi mutamento del ph del terreno, che iniziava ad essere assai meno erto. Iniziammo a scendere lentamente, la discesa. Per noi bipedi calzati, data la coltre di neve che iniziava ad attutire tutte le sensazioni, doveva essere più cauta: non ero certa di riuscire a spiegare al meglio dove venirmi a recuperare in caso di una mia caduta rovinosa... Spesso Ago si voltava a controllare ch'io non restassi troppo indietro, in caso si fermava sino al mio arrivo: attendeva la sua carezza per poi ripartire. La sua capacità di orientamento era nettamente superiore alla mia, decisi quindi di non prestare troppa attenzione al luogo in cui ci trovassimo, lui era la mia fidata guida! Quel bassotto smilzo, che si piazzò secondo all'esposizione mondiale l'anno prima, quel cucciolone che tanto mi ricordò l'amato Forrest divenne la mia guida in quel Paradiso imbiancato, in continuo mutamento sotto il mio sguardo. La mia mente vagava libera nei ricordi, mi crogiolavo nell'ascoltare le sensazioni, nell'assaporare l'aria fredda che dalle narici giungeva nella mia bocca, e poi giù prima nei bronchi, poi nei polmoni, aria pura, aria pulita… Fu durante quel mio stato di sintonia con tutto ciò che mi circondava che sentii a pochi passi da me Ago abbaiare. Solo in quel frangente mi resi conto del mutamento del paesaggio attorno a me: eravamo in discesa, fra i castagni, si affondava nei mucchi di foglie nascosti alla vista dalla candida neve. Ago fronteggiava il solengo, il quale non si era reso conto della mia presenza sino a quando i miei occhi si posarono sul di lui corpo: accortosi di me, che cercavo di armare la carabina, sbruffò nuovamente per poi letteralmente sparire, sotto i miei occhi ed a quelli di Ago. Sono certa che Ago in quel frangente mi guardò con disapprovazione! Ago si rimise in marcia ed io dietro di lui, mi sentivo in colpa, lui tanto bravo ed io così scarsa… Non avevo scuse, lui andava a caccia di cinghiali io lo seguivo a caccia del mio agognato equilibrio. Mi resi conto che il vento iniziava a sferzare il mio volto, Ago aveva un mucchietto di neve sulla schiena: mi sorpresi sorridente nonostante il vento gelasse i miei denti. Girammo una costiera ed il vento magicamente scomparve, la neve no. Oramai era discesa ripida. Ci avvicinavamo velocemente all'asfalto, estrassi il caricatore, misi la carabina nel fodero, un gesto automatico, lo feci senza smettere di seguire la mia guida. Lo strato di neve era solo più un velo sottilissimo: eravamo scesi di quota di diverse centinaia di metri da quando Rino ed io ci separammo. Mi resi conto solo allora del silenzio della mia radio, infilai la mano nella tasca ed estrassi la radio: era spenta Non so spiegare come, ma mi sentii osservata: Ago ed il solengo mi guardavano esterrefatti entrambi. Piegai il ginocchio destro, feci cenno ad Ago di venire da me, sotto gli occhi del solengo, che per la terza volta ci sbruffò, per poi andar via incolume. Le mie braccia cinsero il corpo di Ago, nel suo dna era presente lui, Forrest: quante emozioni, quanto dolore, quanta gioia… Agli animalisti sembrerà giusto ai cacciatori meno, ma quella fu in assoluto la più bella giornata di caccia della mia vita. La caccia non è l'abbattimento: è la sintonia assoluta con il creato, unita all'azione venatoria del nostro amato compagno di vita, il cane.

FIABA

Il "lavoro più nobile" che un cane possa fare in ambito venatorio, ho da sempre ritenuto essere il lavoro su traccia, per il recupero degli animali feriti: porre fine alle sofferenze di un animale ferito da una pallottola, o da un incidente stradale. Ognuno deve preparare da sé il proprio cane da traccia,è assurdo che lo faccia qualcuno per noi. Siamo noi che dovremo interpretare ogni suo comportamento, la mimica corporea, esperienza acquisita sul campo, noi ed il nostro cane. Solo così potremo essere due corpi ed un'anima, l'unità cinofila, un cane ed un umano. Fiaba ed io imparammo insieme. Lei era un prezioso dono della vita, giunto a me in una notte di dicembre proprio fuori dall'uscita autostradale di Firenze Certosa. Sembrava un incontro criminale, un qualche scambio di denari sporchi, invece no: era mio fratello maggiore insieme all'allora sua convivente che mi portava la piccola dolce Fiaba. In quegli anni non dormivo: ero solita ripetere che avrei avuto tutto il tempo di dormire quando sarei morta. Viaggiavo in largo ed in lungo per l'Italia, con un minimo di otto bassotti al seguito: vagavo in cerca dei migliori terreni di addestramento ed allenamento per i miei amati bassotti. Ero letteralmente un'anima in pena, contornata di una specie di "corte a libro paga": erano tutti pronti a starmi vicino, sapevano che la Nina avrebbe ripianato le loro finanze, pagato gli affitti, fatto la spesa ed evitati in extremis i distacchi delle utenze per morosità. Oggi mi rendo conto di quanto i miei occhi fossero foderati di prosciutto circa gli umani. Ma circa i cani no: non sbagliavo ne sono certa! Il più delle volte mi spostavo in Emilia Romagna, ero solita fermarmi sempre negli stessi alberghi. Uno di essi era l'albergo "La Maddalena". Ero talmente spesso in quell'albergo da venir chiamata per nome. Ubicato in una posizione strategica per gli allenamenti dei miei bassotti, Fiaba iniziò il suo addestramento su traccia di sangue proprio lì, a pochi chilometri da la Maddalena. Si trattava di terreni ideali data la quantità di specie presenti: lepri, caprioli, daini e cinghiali… Non si può addestrare un cane da traccia ove non vi siano tutte le "distrazioni" possibili, solo in questo modo si avrà la certezza di preparare al meglio il nostro cane da traccia. Io desideravo un super cane da traccia, un cane sicuro, un cane che non si lasciasse distrarre dell'emanazione di altri selvatici. Man mano che Fiaba cresceva divenne sempre più bella. Divenne, altresì, sempre più brava sulla traccia: potevano partirle i caprioli sotto il naso che lei neanche distoglieva il naso dalla traccia artificiale, non usciva dalla traccia neanche dovendo attraversare corsi d'acqua. Superò brillantemente anche la prova di abilitazione, conseguita nei terreni più difficili e con i giudici più esigenti. La mia vita al di fuori dei cani era sempre peggio. Un giorno venni a sapere, per puro caso, che mio marito, senza neanche avvisarmi, aveva fatto due società con il fratello e la madre, società delle quali era l'unico a rischiare del suo, a rischiare le proprietà personali, intendo. Lo venni a sapere da un'amica alla quale lui aveva raccontato la cosa come se si trattasse della recensione di un film letta su di una rivista. Questo suo comportamento mi fece capire quale importanza avessi nella sua vita. Decisi di andarmene via: caricai i cani e partimmo, andammo vicino a Reggio Emilia, all'albergo Viganò, in cui ero sì conosciuta ma, non c'era confidenza, non avrebbero fatto domande circa i miei occhi gonfi dal pianto... Nella mia solita camera, matrimoniale uso singola, la bellezza di quelle tappezzerie, dei tendaggi e copriletto in raso damascato mi fece sentire ancora peggio, mi sentivo tradita, offesa, presa in giro! Non lasciai neanche un biglietto a casa, andai via e basta. Quella notte mio marito mi telefonò, mi disse che mi amava ed io, scema, credetti alle sue parole, alle sue scuse! Non ho mai capito nulla in fatto di uomini, ma in fatto di cani è sempre stato l'opposto e la mattina successiva ne ebbi la conferma. Al mio risveglio al Viganò un amico, con cui avevo cenato in lacrime la sera prima, mi chiamò per sapere se ero disponibile per andare a tentare un recupero di capriolo nell'appennino reggiano, a Carpineti. Diedi la mia disponibilità: in cuor mio sapevo che la mia assenza o presenza a casa non avrebbe significato nulla per quell'uomo che diceva di amarmi. Erano da poco passate le otto del mattino. Ci trovammo col selecontrollore, un uomo anziano dal fisico asciutto, il quale con agili movimenti ci accompagnò nel punto in cui aveva colpito la femmina di capriolo. Aveva fatto tutto da manuale: aveva marcato piantando un ramo nel punto in cui aveva colpito la capriola, aveva lasciato in terra i reperti (nella fattispecie un pezzetto di muscolo ed un frammento di osso cavo), che uniti al pelo mi fecero supporre un colpo ad un' arto posteriore. Aveva anche segnato il punto in cui l'animale si era addentrato nel bosco. Andai dalla macchina presi Fiaba, e lo zaino da recupero, sempre lo stesso da innumerevoli anni: sempre lo stesso collarone, sempre la stessa lunga, sempre le stesse azioni ripetute ogni volta, sempre tutto uguale… Il modo migliore per comunicare al nostro cane cosa stiamo andando a fare, a tentare di fare. La ferita non era mortale, le tracce ematiche erano copiose, sapevo di avere buone chances di riuscita, e poi ero certa che la mia Fiabuzza non si sarebbe fatta distrarre dalla " Più alta concentrazione di caprioli dell'appennino emiliano". Feci sedere fiaba ad una decina di metri dal punto di partenza della traccia, estrassi lentamente dallo zaino di loden il collarone con attaccata la lunga, glielo infilai, arrivammo alla partenza. Senza indugio la mia Fiabuzza prese il filo dell'emanazione, mi portò nell'esatto punto in cui l'animale ferito entrò nel bosco: la luce, ancora fioca, mi consentì di vedere la forte emorragia, e a quel punto iniziai ad avere la certezza della riuscita del recupero. Sebbene iniziasse ad alzarsi il vento, una tale quantità di sangue sarebbe comunque stata visibile al mio occhio allenato, mi avrebbe aiutato a controllare che la cagna si trovasse sempre in traccia. Poche decine di metri all'interno del bosco mi accorsi che Fiaba era concentrata ed "In traccia" circa ad un metro dal sangue, seguiva una pista parallela a quella del sangue. Un lavoro perfetto dovuto al fatto che doveva esser stato colpito un grosso vaso sanguigno, ed i cani da traccia non devono seguire il sangue, bensì posare il naso sull'emanazione di un "piede" e tenerlo sino a raggiungere quell'animale: anche se l'emorragia si dovesse fermare, bisogna recuperare quell'animale, porre fine alle sue sofferenze. Dietro di noi il mio amico ed il selecontrollore, dopo circa quattrocento metri ci si presentò uno spettacolo che mai potrò dimenticare: i resti smembrati della capriola. Di lei solo più testa, colonna vertebrale, parte degli arti anteriori e la pelle: i cinghiali avevano banchetto nella notte. Il selecontrollore mi guardò serissimo e mi disse: "Questa non è quella che ho colpito io: era intera!" Spiegammo lui che era certamente la sua, e che certamente ai cinghiali era piaciuta! Tornammo alla macchina, da li ad un bar in cui compilammo la scheda del recupero. Ripartii verso quell'uomo, quella casa, quella vita… La distanza chilometrica era di circa trecentocinquanta chilometri, quella spirituale era di anni luce: meglio i cani…

LUI

Conobbi "Lui" un pomeriggio di molti anni fa, a casa di Diana: era in mutande sdraiato a pancia in giù sul tavolo della cucina. La mia amica gli stava facendo un massaggio alla schiena. Come terminò, me lo presentò: "Lui" si rivestì alla velocità della luce ed andò via. Lo reincontrai quindici anni dopo. Passai ore a parlare con "Lui" seduti al tavolino di un bar: scioccamente convinta che si fosse ricordato di "come e quando" mi conobbe. Pareva entusiasta della mia strana vita di allora, fatta di: cani, gare, caccia e seratone in discoteca. Per assurdo in gioventù, sebbene frequentassimo molte persone in comune, non ci eravamo mai incontrati. Quel giorno, a quel tavolino, mi disse di essere stato arrestato: me lo disse ridendo. Io credetti si trattasse di una "Bufala". Mi sbagliai. Passò qualche mese e quel lunedì sera lo invitai a raggiungermi in un bar per un aperitivo. Finì che fui io a raggiungere "Lui" in un altro bar. Pochi giorni dopo iniziò: un turbine di folli corse in moto, liti furibonde e sesso compulsivo. Il corso degli eventi prese il sopravvento. Quante volte provai a lasciarlo… Finalmente, arrivò il 6 luglio, mio marito una notte si impadronì del mio telefonino, mentre dormivo. Lesse i messaggi… Ero di nuovo in uno di quei periodi che purtroppo conosco molto bene: momenti in cui si sta talmente male da non riuscire ad opporsi ad una sfuriata, in cui si vive nel terrore, in cui si vive di liti e sesso sfrenato. Si è fragili, talmente fragili da poter cadere vittima di chi non si fa scrupoli nell'interagire con una persona, che, (come avrebbe detto Virginia Woolf) ha problemi di nervi. In quel frangente mio marito si comportò nell'identico modo di quell'uomo.

L'ESILIO VOLONTARIO

Dalla lettura degli sms da parte di Fabio, certezza della mia relazione, si scatenò il putiferio. Fabio da bravo eunuco si scansò, non prese neanche in considerazione che io stessi male. La mia testa aveva per l'ennesima volta preso la via della follia. In quel momento avevo una quantità di cani incredibile, anche ciò evidente sintomo del mio inferno privato: quattro cucciolate, per un totale di circa venticinque cuccioli, gli adulti erano circa venti. Forrest, il mio amato Forrest, era già insieme ad i miei genitori: forse se avessi avuto lui… Sottoposta ad una tale pressione decisi di mettere in salvo i cani. Chiesi aiuto a delle amiche che si presero e gestirono i miei cuccioli: la cucciolata di età superiore la portai a Lise, un'altra a Letizia a cui in seguito vennero portate anche altre due. Di questo sono grata ad entrambe e le ringrazio. Decisi di scappare, con i miei cani adulti: scappai nella mia casa in mezzo al bosco in Slovenia, la notte del 7 luglio, con la macchina carica di cani ed il carrello pieno di mangime e quant'altro potesse servirmi per loro. Ebbene si ero qui, era estate. Viaggiai come di consueto la notte, una notte di sms e telefonate. Prima di partire vidi "Lui": temevo di esser seguita, lo incontrai, mi diede un portafortuna, il suo porta accendino. Diedi "Lui" l'indirizzo, non potevo sparire. Oggi, passati anni, mi rendo conto che per l'ennesima volta ero riuscita a creare un rapporto di dipendenza, in cui chi dipende non sono io. La folle gelosia altro non è che insicurezza: il voler sapere cosa si sia fatto a letto con partner precedenti e l'estremizzazione del desiderio sessuale non sono altro che dipendenza. Allora non riuscivo a vederlo, ero trascinata da un treno in corsa, ad una velocità tale da non riuscire a prender aria: in più avevo troppe ore di sonno arretrato. Mio marito mi ossessionava, premeva, io avevo necessità estrema di riposo. "Lui" arrivò un paio di giorni dopo (il mio arrivo in Slovenia), anche "Lui" premeva: non amava che i miei cani stessero nel MIO letto, ma li tollerava. Arrivò ad impormi i suoi ritmi di vita, i suoi orari, le sue priorità. Diceva di amarmi oltre ogni limite, che non aveva mai dormito insieme ad una donna e che se fossimo vissuti insieme sarebbe stato per sempre: desiderava un figlio da me. "Lui" dice di essere una persona da una sola vota… Mi feci sterilizzare intorno ai trent' anni. Lo feci per Eugenio: non avrei mai potuto sopportare che fosse meno amato, che dovesse dividere l'amore con un fratello. Mio figlio arrivò quando avevo 17 anni, casualmente. Decisi di averlo, vissi per il suo benessere sino al " giorno in cui reincontrai quell'uomo" . Mi rammarica il fatto che non avrò mai il suo perdono, eppure la mia vita si è imperniata sul suo benessere. Ho sempre odiato i cetrioli, anche solo l'odore, "Lui" li adorava: dovetti mangiare insalate di pomodoro e cetrioli, a ripensarci mi viene la nausea. Si è sempre potuto mangiare quando "Lui" lo decideva, al suo orario, quando Lui aveva fame. Riuscì ad incutermi il terrore di mangiare in sua assenza. Per il riposo notturno lo stesso: si doveva dormire unicamente quando "Lui" lo decideva. Quante volte alla mia richiesta di andare a letto, "Lui" mi rispondeva di fumarmene ancora una, con "Lui" quadruplicai il numero di sigarette quotidiane. Provai a tornare a casa (in Italia) senza dir "Lui" nulla: lo scoprì. Mio marito si accorse che qualcuno era entrato nell' account del mio telepass: i miei spostamenti erano spiati. Lui (mio marito), mi braccava incessantemente: sono stata braccata come il cinghiale forzato dai cani. Unica differenza, io venivo braccata da chi avrebbe avuto il compito morale di portarmi da un terapista. Aiutare la donna che gli salvò la vita quando gli si perforò l'ulcera, la donna che gli stette amorevolmente vicina durante la degenza dopo il suo infortunio, quella stessa che per farlo tirare su quando si specchiava sconsolato nei vetri delle finestre del reparto lo attirava nel remoto bagno del reparto in ristrutturazione a fare sesso per rasserenarlo, rassicurarlo... Nell' ultimo anno di matrimonio venni svegliata diverse mattine dal dondolio del letto prodotto dal suo masturbarsi a fianco a me, per poi andare a finire il lavoro in bagno... Non veniva più la sera a letto quando andavo io, e quando poco dopo mi capitava di andare al bagno lo vedevo in salone davanti al pc su siti porno: quelli furono i sintomi che non gli interessasse più far sesso con me, sebbene ancor oggi sia bella e magra come quando ci sposammo. Iniziarono anche le liti con mio marito. Il culmine di quella che ricordo meglio? Un cacciavite a taglio a meno di un centimetro dal mio occhio destro, dicendo che avrebbe potuto uccidermi. Non brillando per coraggio-carattere, sapevo che purtroppo, non lo avrebbe fatto. Non lo denunciai, anche perché mi ripeteva che doveva riuscire ad odiarmi per poter smettere di amarmi. Oggi ne sono certa, il mio secondo marito Fabio è incapace di provare un sentimento così profondo quale l'amore. Comunque anche in esilio non mi dava tregua, "Lui" rientrò in Italia. Io avevo una quantità di cose da fare, in mezzo ad un bosco, sola con i miei cani, parlando poco lo sloveno, isolata, contabilità e documentazione dei cuccioli da aggiornare, ed ero così provata: avevo sonno. Ero abituata ad andare a riposare presto per alzarmi presto la mattina, "Lui" viveva al contrario, aveva un altro tipo di orari, ed io ero costretta a seguire i suoi, era assai faticoso, il mio fisico lo pativa. Passarono poco più di quarantott'ore dalla sua partenza ed a notte fatta sentii sbattere la porta d'ingresso, "Lui" irruppe nella casa, era fuori di se, io gli chiesi il perché del suo arrivo, mi rispose urlando che erano due settimane che non mi vedeva. Ebbi paura, come poteva non rendersi conto di quanti giorni fossero trascorsi! Sino ad allora non sapevo quasi nulla di Lui, in quei giorni iniziò a mettermi al corrente della sua situazione, sapevo del suo arresto, sapevo che gli avevano ritirato la patente oltre dieci anni prima, sebbene guidasse tranquillamente, sapevo quale lavoro svolgeva, o meglio non stava più svolgendo per essere sempre insieme a me, io gli chiesi cosa ne pensasse dei miei cani, Lui mi disse che facevano parte di me, io lo misi altresì al corrente del mio problema di nervi più volte, in risposta mi disse più volte che era forte abbastanza da reggere entrambi, gli credetti.

PROMESSE TRADITE

Come rientrai in Italia decisa a chiedere la separazione dal mio secondo marito, "Lui" mi offrì un'abitazione adeguatamente spaziosa, con un piccolo giardino ed un terreno antistante in cui, mi assicurò, si sarebbero potuti tenere i cani. In quei giorni dovetti tornare a dimorare nella casa coniugale, era un vero inferno, mio marito compariva ovunque ed a qualsiasi ora, coinvolse mio figlio, raccontando lui solo una parte dei fatti, ovviamente quelli in cui era lui il povero marito innamorato ed io la fedifraga. Sempre mio figlio trovò il biglietto d'addio del falso suicidio di mio marito, regnava un clima di estrema tensione, in cui io non diedi spiegazioni, ritengo che i figli non debbano essere messi al corrente delle cose intime dei genitori, quindi non ne diedi. Una sera litigammo per una fesseria, buttai la cacca di un cane nel secchio della spazzatura in cucina e lui mi riprese, terminando pronunciando la frase "non ti ho chiesto di venire al mondo" G li risposi una cosa che in realtà non mi è mai passata per l'anticamera del cervello, ovvero "è stato il più grosso errore della mia vita", da allora i nostri rapporti si interruppero. Persi mio figlio, mi auguro con tutta l'anima che prima o poi riesca a vedere con i suoi occhi, senza pregiudizi, forse un giorno capirà, e quel giorno io sarò lì con le braccia aperte ad accoglierlo. A quel punto della mia vita mi restavano solo i miei amatissimi bassotti, divennero se possibile ancora più importanti di prima. "Lui" mi aveva assicurato che i cani, essendo parte di me, sarebbero stati bene accolti, ricordo che dissi Lui testuali parole: "in quella casa lascio mio figlio, ho bisogno di una casa in cui avere almeno i miei cani ed i miei mobili" Lui disse che saremmo andati a stare in quella casa che mi mise a disposizione, iniziai a portarvi mobili, abiti, oggetti... Convinta, da "Lui" non chiesi l'assegnazione della casa coniugale, se fosse stato per "Lui" non avrei neanche l'assegno di mantenimento, fortunatamente io lo chiesi e l'ottenni. Il 25 marzo 2009 venne fissata l'udienza per legalizzare la separazione con mio marito, cadde di mercoledì, il lunedì precedente a quella data Lui decise di rifare completamente quella casa, dapprima il bagno, nell'arco di poche ore la casa venne totalmente sventrata, i miei mobili e le mie cose vennero da Lui imballate e portate in altro luogo. Il terreno in cui avrei dovuto sistemare box e cani non fu più a disposizione, poiché il reale proprietario non aveva mai dato il suo consenso, ed al momento in cui le venne chiesto, questa persona non acconsentì. Aveva già deciso che non si sarebbe andati a vivere in quella casa. Sapeva di non aver chiesto il permesso di mettere i miei cani in quel terreno. Non pensò alle mie passioni, alle mie esigenze, al mio lavoro, decise quel che a suo dire essere la cosa migliore. Fece con me il gioco delle tre carte! Sebbene avesse (verbalmente) acconsentito ad avere i cani a casa (in quella in cui viveva, in cui era nato), non li volle mai dentro casa, e meno che mai nel letto. Non potei nemmeno mai spostare la residenza, che restò nella casa coniugale. Nella casa natia di "Lui" (dove convivemmo) non potei mai portare i miei mobili, come anche i miei abiti. Non mi sentii mai a casa mia in quel luogo… Dovette passare oltre un anno per far ammettere a "Lui" che non aveva "mai" avuto intenzione di far entrare i miei cani in casa: avrebbero potuto rovinare le cose acquistate dai suoi genitori con tanti sacrifici. Per riuscire a spiegare meglio come (mio malgrado) vissi basta fare l'esempio dell'aspirapolvere. Un elettrodomestico che ero abituata ad adoperare quotidianamente (in presenza di pelo di cane trovo sia il sistema di pulizia migliore). Ne acquistò uno potentissimo, ma, prima di riporlo, doveva essere pulito perfettamente, reimballato e la scatola sigillata con lo scotch! Ma la cosa più grave era l'astio che provava nei confronti di mio figlio.

"In quella casa lascio mio figlio, che non mi perdonerà mai, almeno i miei cani ed i miei mobili... Mi domando ancor oggi perché non mi abbia detto no, non voglio i tuoi cani in casa mia, io non più avrei voluto "Lui".

LA SCELTA

Al mio rientro in Italia, nel febbraio del 2010, lessi a "Lui" l'ossatura del libro, una decina di pagine. La conclusione era diversa, finiva con una dichiarazione d'amore, ma anche con la ferma decisione di stare con i miei cani, con i miei amici: di voler vivere la mia di vita al fianco di un uomo, non la vita dell'uomo che avevo a fianco! Ero conscia di non aver mai sofferto tanto in vita mia, neanche quando, al capezzale del corpo di mia madre, pregavo che se ne andasse, sì, stavo assai peggio, perché non vedevo alcuna via d'uscita: mia madre sarebbe comunque morta. La fine della sofferenza a breve sarebbe arrivata, ed arrivò, ma in quella storia non c'era... "Se Lui mi avesse Amato lo avrebbe capito". Non lo capì, non cambiò nulla, se non in peggio. Aumentarono le liti. Da oltre un anno mi era impossibile addormentarmi se non fisicamente sfinita. Anche così, dopo pochi minuti, ero nuovamente sveglia. Passavo le notti a pensare, a piangere in silenzio. Una notte feci dei pensieri talmente brutti che mi spaventarono. Il giorno seguente andai dal mio medico, riferii lui della mia insonnia, dei miei brutti pensieri. Mi diede una cura, a cui inizialmente, dovetti aggiungere delle gocce per l'induzione del sonno. Uscita dallo studio medico telefonai ad un caro amico, lo stesso che anni prima mi consigliò dove portare a caccia i miei bassotti. Gli chiesi di custodire le mie armi. Avevo scelto! Avevo scelto di Vivere! Decisi di andarmene, andare in quella casa a fianco dell'allora amica Letizia, di comprare quella casa, questa casa. Casa che scoprii solo in seguito aver già salvato delle vite... Dovettero però passare dei mesi, non è facile spiegarlo.

Tenete presente il "metodo di demolizione della volontà" di tipo militare al quale venni sottoposta: privazione del sonno ed alterazione del ritmo vitale, in una donna dai quarantatre ai quarantacinque anni. Una donna provata dalla vita, e da una menopausa assai precoce, con le relative conseguenze psicologiche-fisiologiche: non fu facile. Dei quattro mesi successivi ricordo quasi unicamente le discussioni e le liti, ricordo chiaramente una notte, avevo preso già le gocce quindi ero intontita, "Lui" già cambiato per uscire, mi urlava di tutto, io lo guardai da sdraiata nel letto, aprii la bocca ed iniziai a farmi cadere le gocce in bocca, sotto la lingua, mi allontanai dal mondo reale e sprofondai nel sonno. Ero per la prima volta riuscita a sottrarmi ad una lite, iniziavo a volermi di nuovo bene. Nelle poche cucciolate di quel periodo nacque il più bel super mio cucciolo del mondo Brembo, il mio orgoglio, un nuovo compagno di vita, una mattina di inizio luglio 2010, "Lui" decise bene di "lanciare un asse da ponteggio" a meno di un metro dal povero cucciolo, il quale spaventato iniziò a guaire. Corsi fuori, dissi Lui di tutto, caricai i cani in macchina, le ciotole, il mangime e me ne andai, nella mia mente risuonavano ancora le Sue parole: " Tu non ce la fai! Tu affoghi! Senza di me affoghi!". Erano passati poco più di quattro mesi dall'inizio della cura, non ero abbastanza forte da reggermi sulle mie sole gambe, corsi a casa di Letizia. La casa a fianco non era ancora legalmente mia, avevo venduto la mia amata casa in mezzo al bosco in Slovenia, venduto è una parola grossa, svenduto è più appropriato. Non si era ancora potuto fare l'atto per motivi burocratici, si doveva iniziare subito a svuotarla dai mobili e di tutto un po', si trattava di una casa il cui proprietario morì durante la ristrutturazione, un trentennio fa. Da allora la casa fu praticamente abbandonata. I rovi erano penetrati all'interno del salone al primo piano, i rovi e la vegetazione impedivano letteralmente l'accesso al giardino, avevano anche ghermito gli alberi e la carraia, un tempo strada in uso dagli abitanti di quella minuscola frazione. Le prime notti dormimmo in automobile, avevo dei recintini smontabili che montai all'esterno della macchina, in uno misi Hermione con i suoi otto cuccioli.

TOSI

Passando dai tetti entrai in questa casa ed iniziò un lavoro indefesso, "Lui" non mi cercò più, come invece fece le altre volte. Ero sola con tutti i miei cani, quegli stessi che vivono e sempre vivranno con me… Comprai questa casa, da una delle due eredi, conobbi l'altra quando venne a trovarmi poco prima dell'atto d'acquisto. Dissi lei quante aspettative e progetti avessi circa questa casa, dopo anni con "la mia vita" riposta in scatoloni… Della mia determinazione a riprendere in mano le redini della vita. Credo sia stato quello il motivo, per il quale mi raccontò che durante i bombardamenti della seconda guerra mondiale su Savona, la loro *familia* si venne a nascondere in questa casa, la loro casa di campagna. Lo interpretai come un segno, un buon segno. La mia cura continuava, una sola compressa al giorno, dormivo molto, la testa andava abbastanza bene: questa casa avrebbe salvato i miei cani e me! Prima di allora solo una ristrettissima cerchia di persone, erano a conoscenza del reale stato delle cose: una donna sola con poche risorse economiche, rispetto alla mole di lavoro, avevo bisogno di aiuto. Telefonai ad Emilio, il caposquadra di caccia con cui avevo cacciato (è un'ottima persona), gli dissi che avevo bisogno di aiuto, di quell'aiuto che ti sanno dare gli "amici abituati a maneggiare decespugliatori e motoseghe". Piangendo chiesi aiuto. Scrissi un' articolo, pregai Emilio di farlo leggere da suo fratello ai componenti della squadra. Durante le festività natalizie stetti nuovamente con "Lui". Avevo, sì, i miei cani, ma non avevo una casa "quantomeno" riscaldata, e più che altro non avevo una casa con mio figlio… "Lui" mandò e pagò una persona che mi fece la recinzione: i miei cani non scapparono più per andarsene a caccia da soli! Lo ringrazio, come, anche di altre cose che in questi anni ha fatto per me; in questo, nella generosità, siamo sempre stati uguali, forse l'unica cosa. A quel tam tam iniziarono ad arrivare amici e sconosciuti ad aiutarmi. Amici come Antonio e Margherita ai quali debbo: impianto elettrico ed idraulico, e mille altre cose, tra cui il sentimento di profonda amicizia reciproca. Dovettero passare sei mesi prima riuscire ad avere un bagno. Dovette passare un anno prima ch'io riuscissi a rimettere le mani nell'ossatura del libro… Quando andai via da "Lui" fu un dolore sordo, continuo, dovetti strappare una parte del mio cuore, ma andai via. Impiegai un paio di mesi nel completare "il succo del mio essere che divenne un inchiostro intriso di emozioni" che è questo romanzo. Ne annunciai la pubblicazione. Peccato che mi cadde il pc, io vedendo che più o meno funzionava continuai ad accenderlo ed usarlo… bruciai la scheda madre e persi il testo completo. A distanza di qualche mese ripresi una lenta seconda stesura, ma non fu lo stesso. Scrissi solamente una ventina di pagine: non riuscivo ad andare avanti in una maniera fluente. Continuai a scrivere solo articoli. Dovettero passare due anni e mezzo, prima che a seguito di un ennesimo momento buio, decisi di andare da mio cugino Leo (che fa il parrucchiere), ad oltre centoventi chilometri dalla mia attuale casa. Quel pomeriggio scrissi nel salone, mentre aspettavo il mio turno di "cliente senza appuntamento". Fu un pomeriggio assai proficuo, dal quale ne scaturì un bell'articolo. Dentro di me: una reazione atomica. Scrivere di altro mi aiutò a smettere di piangere. Divenne tardissimo: i cani ad un paio d'ore di strada dovevano fare il pasto serale. Salii in macchina, a differenza del mio solito tenni un'andatura sostenuta. La mia mente concentrata nella guida fece affiorare in me un ricordo: aver inviato due anni e mezzo prima l'ossatura del libro a Clara… Dovevo unicamente andare a ripescarla nella posta inviata ! I miei bassotti mi aspettavano, dal cancello anche la mia vecchia Helga, quindici anni. Mi aspettava in giardino anziché al piano superiore, non fa più volentieri le scale, ma se vuole sa fare tutto, come me come voi d'altronde. Lo interpretai come "un segno". Ero certa che avrei ritrovato il mio primo scritto (quello che lessi a "Lui" al mio rientro in Italia). Tutti tasselli che si andavano ad incastrare perfettamente: ebbi il mio primo bassotto, lui cambiò la mia vita, mi aiutò a trovare la voglia di aprire gli occhi al mattino, uno scopo per vivere. La sua progenie lo fa tutt'ora. Quel che sono per me i miei cani? "Non importa se belli o brutti, grassi o magri, puzzolenti o meno, con loro, per loro troveremo la forza di vivere, loro ci amano oltre ogni limite per come siamo!"

Ringrazio tutte ma proprio tutte, le persone che mi hanno aiutato ed anche e forse ancor più quelle che mi hanno fatto del male voltandomi le spalle, sfruttandomi economicamente e moralmente, è grazie a loro che ho capito quanto sia felice di vivere mangiando la verdura del mio orto (perché di più non posso permettermi), ma insieme ad una miriade di amici veri , sinceri e disinteressati.

Ho imparato a quarantacinque anni a chiedere aiuto, e l'aiuto è arrivato ! Non permettiamo a nessuno di farci vivere nella paura, nel dolore, nell'autocensura, una via d'uscita esiste sempre. Impegnamoci e combattiamo con tutte le nostre forze , la vita ci tenderà la mano, ci meritiamo tutti la serenità!

"Nella vita non si può fare a meno di amare ed essere amati"
Un cane ci aspetterà sempre, sarà sempre felice al nostro rientro a casa, non reciterà. Ci scodinzolerà con sincero ed incondizionato Amore, senza giudicarci, e sarà davvero per tutta la vita!

La Passione delle Passioni. Ovvero, nella vita di alcune persone, di Nina sicuramente, le passioni, gli amori veri per le persone, siano esse amanti, mariti, genitori, fratelli, amici, sono destinati a finire, triturate dal tempo, dalle incomprensioni, e dagli eventi, e a provocare inevitabilmente lo stesso genere di sofferenze. La Passione con la p maiuscola per i veri unici amici compagni di viaggio, sodali, i cani, e tutto ciò che ad essa è connesso (sia la caccia, che la vita quotidiana, che le mostre di bellezza canina) sono destinate a restare, e sono fonte di grandi soddisfazioni, che troppo spesso si rivelano le uniche. Attraversiamo a sei zampe (molto spesso anche a dieci, a quattordici a diciotto) questa valle di lacrime, il deserto affettivo della vita, con la nostra ombra, magari barbuta e a zampa corta, che scodinzola.

Elisa Marzi

Un libro da leggere tutto d'un fiato. Frase banale forse, ma non scontata. Almeno in questo caso. Una volta presi dalla vorticosa lettura delle prime pagine, è impossibile non lasciarsi trascinare in un turbinio di emozioni, incredulità, curiosità e... aspettativa.

Leggere diventa l'unico modo per capire, o meglio, cercare di comprendere come sia possibile passare drasticamente da una vita agiata, tranquilla e serena sotto ogni punto di vista ad un limbo apparentemente interminabile, sfociato poi in un inferno tristemente reale.

E di nuovo comprendere e realizzare come da un incubo atroce sia possibile per questa incredibile donna, risorgere a nuova vita, come un'Araba Fenice, non dalle proprie ceneri ma aggrappata saldamente alle 4 zampe dei suoi fedelissimi ed insostituibili bassotti...

Un libro per tutti, cacciatori e non, amanti degli animali, animalisti, cinofili o... semplici curiosi!

Un'unica, sacrosanta raccomandazione: per questa donna così particolare, che ha saputo mettere a nudo parte della sua vita, delle sue realtà, delle sue esperienze... Cerchiamo tutti quanti di provare un briciolo di profondo, inconfutabile rispetto!!!

Un abbraccio piccola, grande Nina! Continua così!

Silvia Bonomi

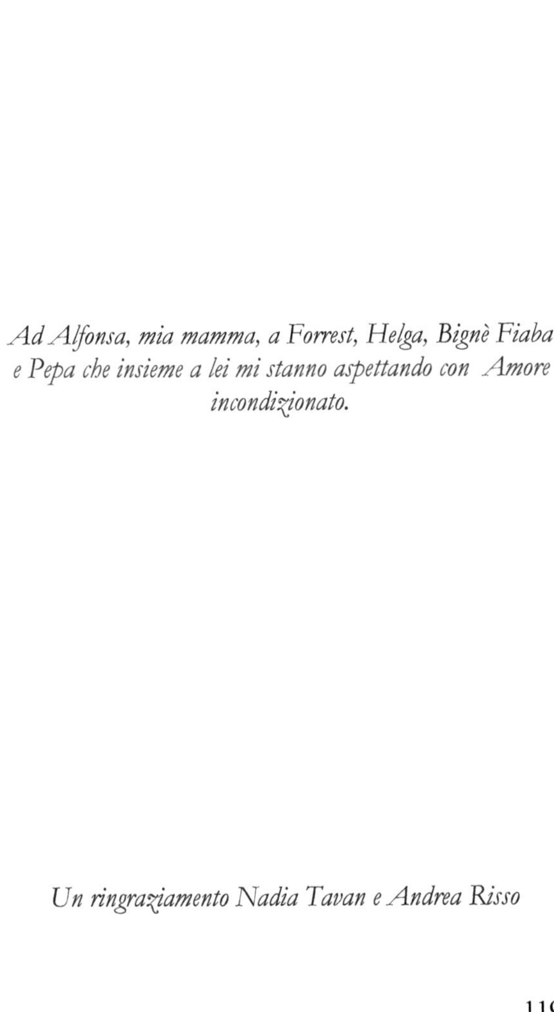

Ad Alfonsa, mia mamma, a Forrest, Helga, Bignè Fiaba e Pepa che insieme a lei mi stanno aspettando con Amore incondizionato.

Un ringraziamento Nadia Tavan e Andrea Risso

www.ingramcontent.com/pod-product-compliance
Ingram Content Group UK Ltd.
Pitfield, Milton Keynes, MK11 3LW, UK
UKHW020221250726
13967UKWH00001B/122

9 781291 674750